宁波文化丛书

外滩烟云

西风东渐下的宁波缩影

宁波文化丛书 第二辑

主编 陈利权

仇柏年 著

宁波出版社

图书在版编目（CIP）数据

外滩烟云：西风东渐下的宁波缩影 / 仇柏年著 . —宁波：宁波出版社，2017.10（2018.11 重印）
（宁波文化丛书 . 第 2 辑）
ISBN 978-7-5526-3073-2

Ⅰ . ①外… Ⅱ . ①仇… Ⅲ . ①宁波—地方史 Ⅳ . ① K295.53

中国版本图书馆 CIP 数据核字（2017）第 255755 号

丛 书 名 宁波文化丛书 · 第二辑
丛书主编 陈利权

本册书名 外滩烟云：西风东渐下的宁波缩影
著　　者 仇柏年

责任编辑 霍佳梅
责任校对 毛利波　张爱妮
装帧设计 金字斋
出版发行 宁波出版社
　地　　址 宁波市甬江大道 1 号宁波书城 8 号楼 6 楼
　邮　　编 315040
　网　　址 http://www.nbcbs.com
　电　　话 0574-87264975（编辑部）
印　　刷 宁波白云印刷有限公司
开　　本 710 毫米 ×1000 毫米　1 / 16
印　　张 15.25
字　　数 230 千
版　　次 2017 年 10 月第 1 版
印　　次 2018 年 11 月第 2 次印刷
标准书号 ISBN 978-7-5526-3073-2
定　　价 37.00 元

（版权所有　翻印必究）
图书若有倒装缺页影响阅读，请与出版社联系调换。电话：0574-87248279

本书系宁波市文化研究工程项目

总序

唤醒宁波的文化之魂

◎ 何 伟

（一）

中国的古城实在不少，若论我国沿海最早的文化古城，只要稍稍具备历史地理的眼光，都会聚焦宁波——中国大陆海岸线的中点。

这座从远古走来的名城，河姆古渡的骨哨一吹就是七千年，展开了一幅幅风云际会的历史长卷。翻开谭其骧先生主编的《简明中国历史地图集》，不难发现宁波在我国沿海各大城市中的"早熟"：当宁波沐浴河姆渡的文明曙光时，我国海岸线上的先民基本还处于文明的空白处；当宁波先秦时期设县建制，广州还是邻近番禺的宁静村庄；当宁波唐代建州（相当于今天的地级市），已是"海外杂国，贾舶交至"的繁华城市，此时的上海还只是一个海滨渔村；宋代的宁波已是我国闻名国际的四大港口城市之一，天津还是名不见经传的一片滩涂；及至近代宁波作为"五口通商"被迫开埠，青岛、大连等城镇化才刚刚起步，更不必说改革开放后才崛起的深圳了。

如此"炫耀"的类比，无意仰己抑人。只想说明，以商城闻名的宁波，其实是隐身的文化重镇。其文化价值和地位，显然是被低估了。仅以中华文明源头之一的河姆渡为例：其制陶、稻谷和干栏式建筑的发现，修正了我国学术界总把黄河流域作为中华民族的唯一摇篮的定论,确认了长江流域是中华民族另一个发源地。其出土的代表海上活动的六支桨,印证了宁波先民是我国"海上丝绸之路"的先驱,为我国台湾和太平洋岛屿的文化作出历史性的贡献。澳大利亚悉尼市迪米蒙地电影制片公司在20世纪80年代拍摄了一部记录太平洋沿岸历史的影片,其序幕就是从河姆渡开篇的。

宁波文化矿藏的丰富性和不凡品质,还在于这里是海上丝绸之路的起源地之一,中国大运河的出海口之一,沿海城市中建城的起源地之一,金融史上我国钱庄的发源地之一,海运史上造船和航海的发源地之一……总之,宁波文化是整个中国文化经络中一个很关键的穴位。宁波的历史区域文化,犹如一座丰盈的藏书楼,在文化复兴的聚光灯下,亟须整理与传播。

宁波历史文化何其久也,宁波地域文化何其丰也,先贤前辈们已经为宁波开辟出了一块文化沃土。每念及此,作为祖籍宁波、生活于宁波的我,不禁对家乡深厚的文化遗产肃然起敬。可是,在今天追赶现代化国际港口城市的目标时,有多少宁波人还记得曾经的灿烂?又有多少人了解宁波往昔的辉煌?

(二)

区域文化研究的兴盛和传承,是近年来国内学界的独特景观,既得益于文化的复兴,又受到区域发展竞争的推动。齐鲁文化,燕赵文化,三晋文化,巴蜀文化,吴越文化,荆楚文化,岭南文化,等等,不一而足。这股热潮也波及作为吴越文化分支之一的宁波文化。

某种文明的价值观、思维方式和风俗习惯等,根本上是由地缘自然条件所决定的。文明所处的地缘环境与精神性格之间有着必然的因果关系。法国历史学家布罗代尔认为,影响一个文明的精神气质最根本的因素,是地理条件和自然环境,换成老百姓的说法，就是"一方水土养一方人"。

宁波地处东海之滨，三面环山，潮汐出没的宁绍平原居中，多类型地貌孕育出姚江、奉化江、甬江流贯其中，江河湖海点缀其间，构成了宁波"经原纬隰，枕山臂江"的地理特征。"南通闽广，东接倭人，北距高丽，商舶往来，物货丰溢。"（宝庆《四明志》）"自宋以来，礼俗日盛，家诗户书，科第相继，间占首选，衣冠人物甲于东南。"（成化《宁波府志》）

文化早熟的宁波好比一个内敛聪慧的智者，有外貌形象，有性格气质，也有个性脾气。发源于四明，耸立于三江，兼得中西交汇之利，倚其7000年的文明发展，塑造了一整套属于自己的优秀文化符号、习俗和精神，说得洪亮一点，叫作"宁波文明"。

每一个城市都有自己的来龙去脉，每一座城市都有独特的文化符号。宁波的文化特质，如果要用极精简的字词来表达，就是"江海"和"商贾"。水路交通和商帮文化是阅读宁波风云际会悠长岁月的两个关键词。伸展开来，从类型看，有海洋文化、农耕文化、港口文化、海防文化；从特质看，有商帮文化、耕读文化、工匠文化、饮食文化；从思想看，有浙东文化、佛教文化；从文人看，名儒硕彦，人文荟萃，有南宋的心学先贤"甬上四先生"，有先生之风山高水长的严子陵、知行合一的心学大师王阳明、开启日本明治维新的导师朱舜水、工商皆本的民本思想家黄宗羲……正可谓千年古城，百年风云，几度沉浮，气血不衰，乃文化之力也。

（三）

一座城市的持久吸引力，不在林立高楼，而在文化气质。让城市站立不衰的，是文化"软实力"。表面上看，决定城市差异的是经济，骨子里是文化。今观神州，仰赖房地产狂奔的造城运动，流水线般建造的排排高楼大厦取代古城旧貌，割断了多少城市的历史脉络，推平了多少地域审美特征，埋葬了多少丰厚的历史记忆，已经无法计算。宁波籍文化大家冯骥才先生认为，我们中国历史悠久，民族众多，地域多样，每个城市都有独特和鲜明的城市形象。可惜，现在我们660个风情各异的城市形象基本都消失了，即使有，也支离破碎，残缺不全，很难再呈现出一个整体的城市形象。眼下，追名逐利遗失了文化，随波逐流遗忘了故乡，身在故乡而不知故乡何在。

物欲越是膨胀，文化越是珍贵。宁波人之所以成为宁波人，并不是因为出生在宁波，而是身上承载着宁波的文化符号和基因。这些由宁波的风俗、语言和信仰因素组成的"宁波腔调"，以及地缘、血缘关系组成的坐标系，会让人们知道自己是谁、从哪里来。不论你身处世界何地，只要据此便可找到家乡，认祖归宗。如果遗失了宁波文化，即使站在这片土地上，也很难再是宁波人。令人忧心的是，在现代化城市化的急切步伐下，本土历史文化面临诸多存亡考验。公路毁了，可以修复；房屋塌了，可以重建；文化遗产一旦"消失"，如同绝迹的物种，没了，就永远没了。现代人精神家园的迷失和情感归属的危机，成为一种流行国际的精神疾病，正是文化除根后流离失所的后遗症。

今天的宁波缺什么？不少人感叹缺文化，我看来，表述不很准确。宁波并不缺少文化，缺的恐怕是对丰厚文化的记忆和传承。"文之无书，行之不远"，作为文化工作者，作为宁波人，我们深恐随着时间的推移，宝贵的精神财富因文字的阙如而流失，随着记忆的衰退而归零。把文化摆在什么位置，不仅仅取决于政府，更取决于每一个厕身其间的市民的态度。文化是城市之魂，是我们这座城市安身立命的基座。唤醒城市记忆的味道和画面，保护并标出宁波的文化风景线，绘制文化地图延续文脉，亟须一套权威、全面、通俗的文化读物。本丛书的出版和传播，即是努力之一。

（四）

本丛书的编纂，虽非规模浩大的文化工程，却颇费周折，几起几落，幸得宁波文化事业基金委员会慧眼识珠，忝列扶持项目，又得宁波市委副书记余红艺及市委宣传部等部门的鼎力支持，宁波出版社调集精干，组织本地学界文化精英，殚精竭虑，撰写这套丛书。

自2012年始，编纂委员会成立并确定了丛书的编纂大纲，专家们从宁波地理文化和历史文化的坐标中，尽可能筛选出具有鲜明特色和传承价值的内容作为首批选题。第一辑八种，选题侧重反映对宁波发展最具影响力、最具代表性的八个方面地方特色文化。计划此后逐年推出各类文化系列，集腋成裘，奉献出宁波文化的"满汉全席"。

丛书着力点不在学术钻研和考证，而在文化的普及和传播，定位在文化"小吃"，充其量是宁波文化史的通俗版、系列专题篇，绝非贯通一气的皇皇巨著。丛书力求编排图文并茂，文字通俗易懂，集知识性与文学性、学术性与普及性于一体，雅俗共赏，老少皆宜，为大众提供一张文化寻根的导游图，以及一杯安顿旅者心境的下午茶。于闹市中拾取一份宁静，于纷繁中理出一片安详，于浮尘中闻到一缕书香，于物欲中寻得精神的家园。

（本文作者为宁波日报报业集团原党委书记、董事长）

目 录

总　序　唤醒宁波的文化之魂	001
[一] 浅说外滩	001
[二] 新江桥	011
[三] 街路	021
[四] 青年会	031
[五] 戏园	039
[六] 教堂	049
[七] 白水权	059
[八] 照相馆	069
[九] 银行	077
[十] 巡捕房	089
[十一] 报馆	099
[十二] 港口	109
[十三] 洋行与保险业	119

[十四] 铁 路	129
[十五] 船公司	139
[十六] 医 院	149
[十七] 邮政局	157
[十八] 工 厂	165
[十九] 浙海关	175
[二十] 报关行与转运行	185
[二十一] 工程局	193
[二十二] 领事馆	199
[二十三] 学 校	209
[二十四] 西人墓园与华尔塔	221
参考文献	231
鸣 谢	233

〔二〕 浅说外滩

和义门西侧城墙上眺望江北岸，1878—1880年间摄（来自杜德维相册）

宁波位于东海之滨，三面环山，一面傍海。发源于四明山的余姚江，与发源于天台山的奉化江，分别从西、南蜿蜒曲折上百公里，在城区三江口汇合成甬江，向东北方入海。

浩浩江水，万古奔流。在水流冲刷和泥沙沉积的共同作用下，平原地带的江流越来越盘曲，在其两侧形成了一片片半岛形的陆地，江北岸就是其中之一。位于三江口西北的江北岸，面积只有2.6平方公里左右，周边江水环绕，仅东北角约600米宽的陆地与当时的镇海、慈溪接壤。江北岸与宁波城厢隔江相望，环境相对闭塞。也许正是这个原因，当年洋人提出要将此地辟为商埠时，宁波地方官爽快地答应了，据说连协议都未曾签订。

南宋淳祐六年（1246），宁波制守颜颐仲兴修水利，率领鄞县、定海（今镇海）、慈溪三县百姓浚挖长达六十里的故河，农田得以灌溉。老百姓颂其政德，将此河称为"颜公渠"，并刻石纪念。颜公渠南端伸入江北岸，与甬江平行，一直延伸至桃花渡北雁湖之畔。这渠江之间的条状地带，后来发展成为外滩。

江北岸外滩在开埠前后，不叫外滩，那时的江北岸人，称本地姚江沿岸为后江沿、甬江沿岸为前江沿。前江沿一带有不少世家望族，人才辈出。早在明成化年间，就有"江北之地最称灵，人才由兹种种生。试看屠滽及卢瑀，鹿鸣宴里相宾兴"[1]之说。

在颜公渠南端，即今外滩扬善路、人民路交叉口位置，是桃花渡李氏的聚居地，《四明谈助》载，李氏自奉化江口秉花堂来，乾隆初，以贸易起家，家门人财两旺，文武皆备。当时这里地称李家后门，河名李家河嘴。村中有李家祠堂，江边有李家道头。李家河嘴上五房桥也是由李光声在乾隆年间所建。

由李家向西不足150米，今玛瑙路南端，是江北董氏的聚居地。董氏系汉孝子董黯之裔，多文人雅士：园庐花竹、家有藏书的董善如，遨游唱酬、朴直厚重的董汉竹，醇雅修洁、焚香啸咏的董周池，皆生活于此。现今的玛瑙路过去是条小河，是颜公渠支流，小河名曰蓝浦，也称玛瑙河，因董氏聚居，河之尽头就称之为董家河嘴。

由桃花渡李家沿颜公渠向北约500米，今同方杰座西侧，过去有座引仙桥，这一带是江北屠氏聚居地，屠家名望更大，位至天官者就有好几人。民国时期这附近还有十余座屠姓大墓，今咸宁绿地中的两座牌坊都与屠氏有关，南为"明赠光禄大夫柱国吏部尚书屠瑜神道坊"，北为"明屠秉彝先生故里坊"，前者建于明，后者建于清，人民路拓宽时迁建于此。今邮政局旧址南侧过去称作屠家巷。引仙桥南有吴清卿宅，袁陶轩诗曰："吴公故宅雁湖滨，曾侍经筵启沃勤。"吴后来位居太常，也是位饱学之士。由此可见，开埠时的外滩，虽没有城厢、江厦和江东繁华，却也不仅仅只有一个渔村、几湾芦荡、数处荒滩。

从桃花渡李家向东，经过一条长不足200米的小道，即到甬江。江滨有座李家道头，172年前，英国首任驻宁波领事看中它，将其作为洋船上下货之地，小道后来便有了"洋船弄"的名称。再后来，道头旁边相继建

---

[1] 徐兆昺著：《四明谈助》，宁波出版社2000年版，第1099页。

江北岸屠氏大墓，1917—1919年间摄（来自美国杜克大学图书馆）

起了太古码头和宁绍码头，当最初的田间小道变成柏油马路时，"洋船弄"也变成了"扬善路"。百年外滩的发轫地，就在这小小的李家道头和"洋船弄"上。

英国首任驻宁波领事叫罗伯聃，1843年12月19日，他乘坐军舰，率领船队，到达宁波。起先他住在江东三官堂，选定江北岸作为商埠后，就在江北杨家巷（今槐树社区内）租房作为领事署。这个老外很喜欢挑日子，开埠的日子选在西历元旦那天，租房签约的日子选在中国农历元旦，即现今的春节大年初一。爆竹声中，千门万户忙于"新桃换旧符"时，曾经的望族——江北卢氏的祖宅，成了"宁波大英钦命领事署"。

江北岸开埠后，洋人纷至沓来，今槐树路、桃渡路及外滩一带，逐渐成为外国人尤其是洋商相对集中的居留地，但洋人居留地并不局限于此。宁波城厢内外到处都有洋人居所：盐仓门外有帕克医生的房子、高雪山传教士宅，永丰门外有玛高温住宅、罗尔梯居所，长春门外也有洋人住宅，段光清在《镜湖自撰年谱》中写道："夷馆虽在江北岸，而城内有天主堂，南门外有夷人住屋。"因为夷人居住，南门东侧护城河上还有座"红毛桥"。而在宁波老城内，麦嘉缔住过，丁韪良住过，慕华德也住过。江东三官堂则是罗伯聃最早的住所。

1861年11月，太平军大兵压境，为保护外侨生命和财产，英法美等国领事和舰长磋商后派代表提醒太平军："外侨集中居住的地区与宁波府城是明显分开的。"并告诫："太平军首领和战士务必小心谨慎，不要进入外侨聚居地……外侨的生命财产必须受到小心保护和尊重，绝不允许有丝毫伤害和侵扰。"[1] 江北岸因为洋人起初的"中立"，得以成为保护区，以致原先并不居住在江北岸的洋人以及大批华人，为避战火纷纷涌入这一区域。太平军12月9日攻占宁波府城，英法美三国领事和舰长1862年1月13日又在美国领事馆开会，三方订立协议，宣布将新港之南的整个江北岸划为保护区，规定该区域内外国人自由居住，不受干涉。将来必要时，领事有制定地域内规则的权利，并确定界址，绘制地图。江北岸外国人居留地由此产生。

外国人居留地的实质是对太平军划定禁区，战争结束后，似乎并无多大实际作用，领事既没有不通过地方政府制定地域内规则，洋人也不会愚蠢地将自己居留地局限在江北岸一隅，作茧自缚。不少洋人照旧居住在江北岸之外。

相比外国人居留地，商埠的概念倒是更有实际意义。商埠确定在江北岸，就意味着外商只能在江北岸经营，超出这一区域，就属违约。1916年台商（当时台湾尚被日本侵占）在宁波扒沙巷开设通和碾米厂，1923年日商在北门外北郭堰开设大成席厂，1924年日商在宁波江东税关弄开设正隆洋行，均被勒令停闭。后来英商祥泰木行在江东开设分行，也遭到宁波木行业以越界经营为由抗议抵制。

张之洞说："宁波口岸并无租界名目，洋商所居地在江北岸，即名曰洋人寄居之地。"[2] 但人们大多分不清，或者并不在意租界与外人居留地的区别，即使是记者、官员，也有将其混为一谈的。从晚清到民国，甚至在中华人民共和国成立初期，一百多年的历史中，将江北岸外人居留地当作

---

[1] 田力：《美国驻宁波领事报告（1853—1896年）档案介绍（六）》，宁波档案2014总第49期。
[2] 《清史稿》卷一百五十八，志一百三十三，邦交六。

标注有"The Bund"的宁波外滩明信片，1908 年前摄（来自《宁波旧影》）

租界的说法，屡见不鲜："由江北岸租界开往余姚之永安小轮船……""凡租界洋栈、置产、营业、教会……""收回租界捕权办法""离城稍远之租界下流地方""城郊江北即是昔日的租界""租界区域在江北岸开辟起来了"等等，类似的表述频频出现在各类报刊中。

宁波"外滩"名称的由来，有多种说法，其中一种说法很迷惑人：此处是奉化江、余姚江、甬江交汇处，江流呈 Y 形，外国人遂用英语称此地为 Y-town，音译即"外滩"。这种说法看似顺理成章，实则经不起推敲。尤其是末尾还有一句"上海外滩的称呼亦源于此"，更让人疑窦顿生。

外滩，英语一般用"The Bund"这个词来表达，不论在宁波，还是在上海，都是如此。早在 1843 年，英文书籍上就出现了用"The Bund"表述宁波外滩；1876 年《北华捷报》也已在用"The Bund"表述上海原英租界的黄浦江滩。而用"Y-town"这个词表述外滩，似乎在 2005 年才出现，时间上与宁波外滩房产营销同步，很可能这是某策划公司无中生有的"创意"。

在宁波，中文"外滩"一词，按《鄞县通志》"外马路，旧名江北岸外滩"

海关北侧洋房望楼内远眺甬江及外滩全景,近处即税务司宅,19世纪70年代摄(来自包腊相册)

的说法,应该产生于外马路之前。但笔者查遍宁波图书馆藏百年老报纸,及《申报》宁波史料,却找不到证据。相反却发现"外滩"迟于"外马路"出现。"外马路"出现于1910年,而"外滩"出现于1919年6月。这或许是由于文史资料缺失等原因,暂时找不到证据。在旧报资料中,现今外滩沿江一带1879年仍被称为"前江沿";1899年的《甬报》资料较全,但既未发现"外马路",也未发现"外滩"。而在上海,早在1898年就已经出现中文"外滩"一词。所以,上海"外滩"名称源于宁波的说法,很不靠谱。

宁波"外滩"名称缘何而来?一种可能,是源于上海,向上海学来的。另一种可能,就是相对于江北岸中马路来说,西侧的后马路既然曾被称为里街、里马路;东侧的"前江沿"有可能也因此随之改称为外滩、外马路。这仅仅是一个猜测。

外滩是一个约定俗成的称呼,也是一个变化发展、边界不甚清晰的模糊概念。最早的外滩,《鄞县通志》指"南至新江桥北堍,北至海关"这一沿江地段,长度约1.2公里。随着滨江一带不断发展,外滩也随之延伸。

三江口江东眺望江北岸外滩，20世纪初摄（徐韧提供）

1925年4月,《时事公报》称草马路的西人墓地为"外滩洋坟",1932年8月,《时事公报》美孚行启事中出现了"草马路外滩"的提法。由此可见,早在20世纪20年代,外滩已延伸到新港之南草马路一带,岸线长约2.3公里,长度增加近一倍。

原先的外滩接近于道路的概念,可与外马路互用,且二者并用了很长时间。而现在的外滩则是一个街区的概念,所谓"外滩历史文化街区""外滩国家城市中央休闲区""外滩中外风情特色街"等等,莫不将人民路以东区域包含在内。近几年甚至还出现了将江北人民路以西德记巷等五条街巷称之为"泛老外滩"的说法。所以,根据历史和现实状况,笔者以为,将人民路（原颜公渠）以东,南起新江桥,北至庆丰桥的区域,称为外滩,应该是顺理成章的。

江北岸外滩,现今多数人已经习惯称其为"老外滩"了。俗话说有新方有老,1863年"新江桥"建成,千年灵桥才被称为"老江桥";民国初年"新马路"筑成,光绪年间建成的草马路,也一度被称为"老马路"。这"老外滩"缘何而"老"？原来是在2002年,宁波某投资公司老总在上海的一个高规格推介会上说:"宁波老外滩比上海外滩还要早二十年。"事实上,同为"五

草马路口观江北岸外滩,20世纪初摄（李炬提供）

口通商"城市,宁波开埠于1844年1月1日,上海开埠于1843年11月17日,在上海之前开埠的还有广州和厦门。宁波外滩并不"老",但子虚乌有的"老外滩"竟被当作史实,时不时出现在学生作文、领导讲话、书籍杂志和新闻媒体中。十多年过去了,谬论依然流传。其实,即使是早开埠,这又有什么可以值得"炫耀"呢?

江北岸外滩经过百余年发展,变化巨大。1881年2月11日《申报》载:"宁波府城对面之江北岸地方,咸丰年间尚未著名,其乡人多捕鱼为业,富不过千金,贵不过千总。迨同治初,洋船需华人向导,于是乡人有或为舵工,或为带水,崛起泽渚之间者指不胜屈。不及十年,拥巨万之资者若干人,晋提镇之衔者若干人。昔则鱼庄蟹舍,沿江多板屋之居;今则鸟革翚飞,平地有华堂之筑。人则纡青拖紫,市则银涌金鸣,过是乡者莫不啧啧称叹。古人云'十年时事几番新',诚哉斯言。"此时距江北岸开埠尚不足四十年。

1920年,一位具名"寄公"的人写道:江北岸的滩地,在未开商埠前,只值六百文一亩,现今头等地值一万元,偏僻之地也值五六百元,相去不啻霄壤（一元银洋等于一吊钱,也就是一千文）。时人感叹:江北岸有几亩地的人,子子孙孙均可以吃不尽了。此时距江北岸开埠尚不足八十年。

十年时事尚且几番新,百年外滩一定蕴藏着许多鲜为人知的故事,让我们一起拨开迷雾,穿越时空,走进江北岸外滩……

【三】

新江桥

新江桥，1878—1880 年间摄（来自杜德维相册）

一百五十多年前，在江厦与江北岸之间往来，只能依靠摆渡过江。渡是座古渡，名曰桃花渡。"桃花渡口夜潮生，歌馆曾闻度曲声。满目蒿莱人不见，隔江惟有野狐鸣。"（清徐凤垣《甬江竹枝词》）"载得扁舟江上行，雨余日嫩半阴晴。片帆直下桃花渡，春色三分昨夜生。"（清胡湜《江行》）那个时候，永丰门外还不曾有渡，和义门外的渡口设置不久，而东渡门外的桃花渡，宋元明清的骚人墨客，已为它留下了不少诗作。

当历史翻到 1863 年这一页，一座由十八艘木船连接而成的浮桥，出现在桃花渡上游不远处的关帝道头，次年冬季又移位到桃花渡。自此，即使是"两岸桃花春水涨"，也"不愁渡口满江风"了。（清戈鲲化《绝句八首》）虽说是浮桥，桥板之间空隙中能看到汹涌的江水，遇到风浪，桥还会上下起伏、左右摇摆，胆小的人走在桥上，难免战战兢兢，但相比那摆渡小船，毕竟是方便、安全多了。

宁波建浮桥的历史十分久远，早在唐长庆三年（823），就建成了连舟十六艘的东津浮桥，因竣工时恰逢天现彩虹，故名灵见桥，后称灵桥。灵桥是当时宁波三江之上唯一的桥梁，人们也就称它为江桥、浮桥。由于新江桥的出现，灵桥自然就被称作老江桥、老浮桥了。

新江桥比老江桥年轻1040岁，它在此时问世，有其必然性，也带了点偶然性。说必然，是因为新江桥的南岸，是号称"走遍天下，不及宁波江厦"的江厦。这块风水宝地，岸上市肆栉比，江边樯桅林立，各方商贾云集，市面早已十分繁华。再加上此地位于东渡门外，人流密集，摩肩接踵；车水马龙，络绎不绝。而新江桥的北岸，是开埠已有十八年的外滩。此时江北岸发展的重心，已由槐树路、桃渡路的姚江沿岸，开始向甬江沿岸的外滩转移。外滩日趋繁华，两岸的交通，依靠小舢板摆渡已不敷于事，建桥是必然的事。说偶然，是因为新江桥开建前一年，太平军攻占了宁波，官绅、富豪纷纷躲入后来被称为外国人居留地的江北岸，很多老百姓为避战火也逃到此处。战争结束后，一部分人在江北岸留了下来，造成南北两岸交通更加繁忙，有人看到了"商机"，就筹划建桥。也许是这太平军的战火，"催生"了新江桥。

关于新江桥的建成时间、建造地点和建造人，《宁波市志》《鄞县通志》《雁湖志略》以及光绪《鄞县志》稿本和刻本，各有说法，归纳一下，建成时间上有同治元年、二年、三年及同治年间之说；建造地点有江北岸关帝殿道头、盐仓门关帝殿道头之说；建造人有西人、英商、费纶志与李世濂等之说，或避而不说，或以管理人代之。综合各方面因素，笔者认为，新江桥始建于1862年，建成于1863年，迁建于1864年；始建时桥位应在今新江桥西侧一二百米处；由费纶志、李世濂等宁波人与洋人合股兴建。

新江桥建成后由洋人把守，要付四枚铜钱才能过桥，肩贩者倍之，乘舆者更倍之。出资建桥、过桥收费，在西方社会或许是天经地义的事，但在当时的宁波，却难以被接受，因为自古以来，宁波人一直将修桥、铺路、造凉亭作为善事义举来做，最典型的如后来陈磬裁造十桥十亭，都是义桥义亭。过桥要交钱在当时的宁波是破天荒的事，老百姓心目中，这无异于山大王收"卖路钱"。这种与传统道德相悖的做法，自然为当时社会舆论所唾弃，这或许正是志书在建造人上闪烁其词的原因。

新江桥，1900年摄（来自"独立观察员"的博客）

过桥费由洋人出面收取，目的是为了避免税钱起衅，但实际上还是纠纷时起，争端不断。同治八年（1869）因过桥收费发生大惨案：宁波有行四月半庙会、迎五都元帅习俗。这一年行会异常热闹，其中彤云社最为出彩，"光怪为诸社冠"。当彤云社的队伍自城区游行过来时，江北岸观会者纷纷涌向新江桥，桥上观者如堵，洋人台佛逊与其伙恩多利等，仍"上前按人纳税，少迟即逞其残暴，鞭扑齐施，于是会自东来，人向北窜，势如潮涌，桥梁遂折，坠水死者百余人，号呼痛哭之声震动天地"。因此，宁波有了"好看彤云社，翻落江桥下。汆到下白沙，撩（捞）起豆腐渣"的民谣。

惨案发生后，宁波地方人士多次想筹款赎回新江桥，使之成为不收过桥费的义桥。"五月初，周廷桂禀称集款赎桥，免行人税，西人故索巨价，款难骤集，事遂不果。"[1] 此后禀请者多人，均未成功。到了光绪初年，又因过桥收费发生命案，有营兵丁某、董某过桥，因董某未穿号衣（一说穿在衣服内），引起争执，被守桥人殴死（一说是被英人恩多利踢死）。

邑绅陈政钥听说此事，甚为悲愤，于是与姜伦棣等人一起与洋药商严文周协商，以在两年半内"出卖洋药时，每箱加厘金三钱"为条件，由福建、宁波两帮洋药商筹银16000两，赎回新江桥。

陈政钥即陈鱼门太守，甬上传奇人物。赎桥时陈鱼门年逾六旬，睿智依然。新江桥照明有一矛盾：不点灯，行人有失足之虞；若点灯，船夫有撞船之患。因为点灯后，桥板下面"灯下黑"，船夫对着光，不易辨清桥洞。陈鱼门想出一法："用四方式样之灯，中点火油灯六盏，东西两面用洋铁，南北两面用玻璃，是以江中无影，而桥上有光。"[2] 船夫行人，两全其美。新江桥修妥后，陈鱼门邀请本乡耆老祭桥，"主祭者为张君铁峰，年已八十九岁，足蹬红鞋，手扶鸠杖，须长尺许，及参神时，乃易蟒袍补服朝珠，尚有绅耆多人，亦皆须髯垂腹。盖皆为陈鱼门太守所邀来者。是时观者，填街塞巷，欢声雷动，以为从此后，可得利涉矣。"[3] 让人遗憾的是，新江桥赎回次年，陈鱼门溘然离世。

木制浮桥，要经常维修更新，开排、救生、防灾等也需要用人，因此每年要支出大量维修管理费用。光绪六年（1880），邑绅江镜清、汪受礽、姜伦棣、周晋骅、陈祺沅等组织董事会善后，经与建、宁洋药栈会商，议定自此年起，新江桥所需维修管理经费，由洋药栈立柱承办，建商分四柱、宁商分两柱，挨月轮值。所需费用，由轮值之柱按月向众栈分派给付。并订立八项条规，对组织人事、大修期限、轮值安排，以及禁项罚则等都做了明确规定。然后禀请当道将相关内容刻入"新江桥永禁碑"，公示于世。

1906年，清朝诏定十年禁绝鸦片，洋药商日子渐渐不好过了，新江桥经理公所的收入也随之渐渐断了来源，入不敷出。严文周之子严康懋慷

---

[1]《宁波闲话》1933年3月13日。
[2]《申报》1877年9月15日。
[3]《申报》1877年8月3日。

新江桥，20 世纪 20 年代摄（来自美国杜克大学图书馆）

慨解囊，允诺不敷之款，俱由其垫补。1929 年严去世后，不足资金又由周巽斋承担。1934 年，周以年老力衰，难胜重任请辞，经协商后，决定组织新江桥管理委员会，推选陈宝麟、俞济民、倪维熊、周巽斋、朱旭昌、毛秀生、俞佐宸等为委员，陈、俞为常委，轮流主席，分总务、工程、经济三组，资金缺口请平津会拨助基金，向车公司、银行、轮船公司、同业公会劝募。

建造和管理浮桥，在宁波已有一千多年的历史，营建技术已十分成熟，管理经验也相当丰富。1935 年 4 月，温州永嘉商会拟在瓯江建设浮桥，专此来函咨询，向宁波学习浮桥建造技术和管理方法。可见，宁波浮桥当时已名声在外。但这种依靠浮船承托的桥梁，存在着先天缺陷。

首先是抵御台风、洪水的能力很弱，遇到灾害天气，常常会发生桥断人亡的惨祸。1881 年 6 月报载，"宁郡于上月十九日昼间忽狂飙卷地，骤雨跳珠，新江桥上有三人连伞吹入江中，虽经救生船极力施救。奈其时水势湍急，打捞无踪"。1889 年 8 月，一场暴风雨将新江桥、老江桥两座浮桥统统冲走。1912 年 12 月，"北风怒吼，潮汛大涨。某树船进口由三

由宁海轮局码头停泊的轮船上观新江桥，1906—1909年间摄（来自"独立观察员"的博客）

江口抛锚，一时不慎顺潮退下，竟将新江桥第四排铁链撞断，江桥全排流开"。1922年9月，"新江桥因风潮大涨，铁索已断。幸经江桥工程局遣役二十余人预防，用粗绳缆住，并将桥板揭去，故未遭氽去"。一百多年来，关于新江桥事故的报道屡见不鲜。

浮桥另一个缺陷是桥上行人与桥下过船相矛盾，大船过桥必须开桥，即拆除通航孔桥面才能通过。每当开桥过船时，南北两端常常等满过桥行人，急于赶路的人仍得摆渡过江。后来新江桥只能限时开桥，规定在清晨沪轮未到前开桥，沪轮到后立即停止开放，下午二时至五时也不开桥，再后来干脆白天不再开桥，大船要等到夜晚才能通过。另外，新江桥桥面狭窄，通行能力很小，江北岸火车站建成通车后，新江桥更是不堪重负，每日当轮舶夕开，火车既至之时，新江桥上车水马龙，人众杂沓，拥挤不堪，回旋无地。

最早筹划改建新江桥的是德国人穆麟德，此人时任浙海关税务司，是江北岸工程局的创始人，也是首任实际负责人。1898年，穆麟德打算将新江桥改建为铁桥，而将浮桥移到盐仓门外，并计划在江北岸前后沿江一带修筑马路。次年，马路是拓宽了，新江桥也因马路拓宽江面变窄，浮船由十八艘减为十六艘，但改建新江桥的工作仅仅是丈量了一下江面，1901年穆麟德去世，首次改建便没了下文。

　　第二次发起改建，是灵桥尚在建设的1935年。当时测算，若灵桥竣工后继续改建新江桥，可节省经费五万余元。善于精打细算的宁波人，开始着手改建新江桥，为利于募捐，还决定新江桥改建后命名为中正桥。1936年灵桥建成，老江桥变成新江桥，新江桥成了老江桥，出现了所谓"旧者新而新者老"的景况，改建新江桥呼声更高，人们期盼不几年后新江桥改建告成，飞梁千尺，翼然江上！灵桥筹建者也余勇可贾，通桥大典后仅仅过了十天，宁波旅沪同乡会就专门为改建新江桥开会，决定成立沪甬两处筹备处，沪筹委由杜月笙、俞佐庭、张继光、金廷荪、秦润卿、黄延芳、朱守梅、竺梅先、张申之、乐振葆等三十九人组成；甬筹委由王文翰、俞佐宸、陈如馨、周大烈、金臻庠、余润泉、毛稼笙、朱旭昌、卓葆亭、陈宝麟、俞济民等十一人组成。建筑经费预估七十万，沪筹六十万，甬筹十万。并征求发起人三百五十位，每人至少筹集捐募两千元。第二年六月，建造中正桥筹委会总干事竺梅先、设计组主任陈寿芝等专程从上海来宁波，对新江桥进行勘测，据他们的意见："新江桥长四百三十英尺，改建时为稳固计，非用三洞桥不可。但对于经费及船路皆发生影响，故拟改建独洞环形大铁桥，将桥之南端移置于甬东司巷道头，由此桥身将可缩短二十英尺。"[1]竺、陈等回沪后，将拟定设计书提交大会核议。但是，没过两个月，淞沪抗战爆发了，从上海募集大部分资金已无可能。新江桥的改建，由于日寇的进一步侵华，被耽搁下来。在日伪时期的1943年，居然有人在报上唱高调，说要彻底改造新江桥，真是异想天开。

　　第三次发起改建是在1947年。抗战胜利后，老态龙钟的新江桥更是不堪重负。1946年8月，因救济署航空站重车横行，桥梁损坏。时任鄞县参议会议员兼新江桥管理委员会主任委员周大烈在报上疾呼："重车

---

[1]《申报》1937年6月28日。

沦陷时期日军修新江桥（来自"独立观察员"的博客）

过桥,向属禁例,……查系救济署、航空站之大卡车,经报告该署站驻甬负责人员,置若罔闻,凭借势力,恣意妄为,破坏地方建设,深堪痛恨。近来商车公司,相继效尤,负有交通责任之警察当局,竟亦视若无睹,不予阻止,实属有负职守。"[1] 面对老旧又损坏严重的新江桥,金廷荪、周大烈等人在1947年1月又发起改建新江桥的行动。4月3日,趁蒋介石返溪口之机,耆绅孙表卿、毛懋卿、赵芝室、张申之、吴传方、俞佐庭等备文向蒋面陈,除了陈述改建新江桥之必要理由,还提出建桥资金筹集方案:计划征收沪甬航线各轮船10%客货运水脚,两年为限,不足之数,向各方劝募。但蒋将方案转交通部后,交通部以事属地方建设,加重民负,批示不准,转饬省政府统筹办理。1948年4月,蒋经国到溪口祭扫祖茔,途经宁波市区,实地勘察新江桥后,面允向交通部代为疏说。经蒋斡旋,交通部同意经当地民意机关议决通过,可以征收改建新江桥建筑费。蒋后来还函催宁波有关人士加紧筹备改建,但此时物价飞涨,建桥预算经费已大大增加,新江桥改建困难重重。到了1949年4月,浙江省建设厅厅长柳际明,以美援剩余物资项下尚有造桥可用之钢梁,可作改建新江桥之需,要求速送新江桥资料,鄞县县政府立即遵令造送。就在当月,渡江战役打响,百万雄师过大江,解放军摧枯拉朽,势如破竹,国民党政权风雨飘摇,已无人顾及改建新江桥了。

中华人民共和国成立后,据《宁波市志》所载,1958年也曾准备改建

---

[1]《时事公报》1946年8月25日。

1970年建成的"反帝桥"（新江桥）

新江桥，但仅仅是在1960年完成地质钻探就没了后文。风烛残年的新江桥，直到107岁那年，终于等到了姗姗来迟的接班人。1970年9月30日，一座三孔双曲钢筋混凝土拱桥建成了，桥名"反帝桥"，但在老百姓的心目中，它依然是新江桥。这种桥在当时十分流行，是"多快好省"精神的产物。它能预制装配，不需拱架施工，从而节省材料，缩短工期。新江桥从动工到通车只用了一年零两个月时间，但这种桥梁存在着很大的缺陷，就是整体性差。由于新江桥位于江流弯曲处，桥梁与江流不是垂直相交，桥身一宽，船舶过桥更加困难，再加上此处江面狭窄，水流湍急，潮位高时，经常发生船撞桥、桥卡船事故。

　　伤痕累累的新江桥，在2006年9月被鉴定为危桥而紧急封桥，次年12月拆除，存世仅37年。而今，新江桥3.0版已面世，"康庄直接道途平，攘往熙来起颂声"，一百多年前戈鲲化赞颂新江桥的诗句，后人将继续吟唱下去。

【三】

街路

外滩烟云

西风东渐下的宁波缩影

江北岸后街（疑是）也称里街，1930年发行（来自《亚东印画辑》）

跨过新江桥，进入外滩前，先介绍一下外滩的街路弄巷。外滩的道路纵向有三条，横向有二十余条。如果将外滩比喻为一片芭蕉叶子，中马路就是叶子的主脉，外马路和后马路（今称人民路）则是两边的叶缘，而长短、宽窄不一的横向街巷就是连接主脉与叶缘的侧脉，它们纵横交错，组成了外滩的路网。

纵向道路与甬江大致平行，自东而西分别是外马路、中马路和后马路。关于这三条路，有这样的说法："外马路是宁波历史上的第一条新式马路""应是江北老外滩片区最初成形的马路""外滩三条主要马路的修建时间，依次是外马路、中马路、后马路"等等，这些表述与历史不符。

先说说后马路。后马路的得名并非因建造时间上的先后，而是因空间位置上的前后。若论外滩最早的主干道，恰恰就是这条后马路。早在

后街填河筑路（来自《鄞县建设》）

江北岸开埠前，也就是还没有"外滩"这一说的时候，后来被称为"后马路"的这条道路就已经存在了。当时，颜公渠是江北岸交通的大动脉，河渠里舟船往复，纤道上人轿来往。河边的纤道就是"后马路"的雏形。可不要小看纤道，这纤道在以前往往就是官路，宁波"三江六塘河"，塘河边的纤道都是官路，颜公渠边的纤道也是官路。过往桃花渡或北行去镇海、慈溪，或南下到江厦、城厢，无论水路、陆路，都在这条线上。

当年颜公渠的景色不乏诗情画意，文人雅士咏江北十景，"颜渠橹响""麦阳苍槐"名列其中。颜公渠上有许多桥梁，在今扬善路到新马路这段约860米长的原河渠上，自南向北，依次有五房桥、麦阳桥（俗称周家桥）、新板桥、板桥、引仙桥、封仁桥和咸宁桥。百米开外，就有一桥。麦阳桥位于屠公神道前，明尚书屠瑜的神道坊至今仍存，现移至咸宁绿带中。古桥大多有耐人寻味的故事或传说，如引仙桥因桥南北有吴太常、屠司寇宅，两家同举进士，里人视之如神仙中人而得名。后马路未曾有路名时，就以这些桥梁来区分位置，如板桥下、引仙桥下、封仁桥下等等。后马路最初称作"后街"，曾叫过"里街"。这是因为命名时东边也有了道路。宁波人有"面前背后"一说，当地的房屋大多朝南或面东，通常将南和东

1928年拓建中马路（来自宁波天主教区《宁波简讯》）

称作"前"，而将房屋背面的北或西称作"后"。因此，东边的道路称之为"前街"，西边的道路就对应叫作"后街"。后来，后街边的颜公渠填平筑路，后街就变成了后马路，再后来又改称人民路，但现今人民路只有咸宁绿带以南这一段与过去的后马路重合。原先的后街很长，一直延伸到石板行跟，咸宁路以北至白沙公园这段白沙路以前也称后街，只不过当初是条曲曲折折的小巷。

"中马路"是外滩的第二条纵向道路。江北岸发展重心由姚江北岸转移到外滩后，洋人纷纷在甬江沿岸圈地筑屋，在甬江边形成一条建筑带。这些建筑因其使用功能不同，临江一面，有的开放，有的封闭，导致道路曲曲折折、断断续续，交通必须依赖建筑带西边的道路，也就是后来的中马路。中马路起先被称作"前街"，有的路段也曾被称作"同兴街""海关前街""领事府前"。关于"前街"的记载，早在1876年就已经在《申报》出现，实际可能还更早。而此时外马路还未修筑，沿江一带还被称为"前江沿"。中马路南起新江桥堍的一横街（现已拓宽成人民路），北至英国领事馆南门，全长1公里有余。它坐落在外滩中轴线上，是当时外滩的中央大道，二十余条东西走向的街巷与它相交，再与两侧的后马路和外马路相连接。

拓宽后的中马路，约 1929 年摄（来自宁波天主教区《宁波简讯》）

所以，在清末民初，中马路一度被称为"江北岸大街"。随着外滩不断发展，中马路日趋繁华，不得不进行拓宽改造。中马路的拓宽不同于后马路和外马路，后马路拓宽，只要填了河，宽度在当时就绰绰有余；外马路拓宽，可以利用江滩。而中马路拓宽，只能拆两侧建筑，所以阻碍重重。沿街商家、店铺，大多不愿意拆让，其中逊昌洋行因为让地赔偿金问题，成了来头不小的"钉子户"，洋行请出驻上海的英国领事为其"出头"。为拆房拓路，鄞县县政府不得已而函请公安局协助，公告强制执行拆让路面。

外滩最后形成的纵向道路，才是外马路。外马路筑成虽晚，但动议很早。早在 1874 年，英领事阿查理与宁绍台道道台顾文彬协商一致，开始筹划填筑江岸，打算仿上海款式，从新关一直筑到浮桥，后因领事与道台相继调离而未竟其事。虽然此时只是筑江岸，没有明确提筑路，但这应该可以看作是经营外滩滨江道路的开端。1884 年，海关税务司葛显礼明确提出了筑路计划，打算从浮桥到外国公墓建一条沿江道路（今新江桥到东草马路，全长约 2.2 公里），以贯通整个港湾。这个计划得到道台认可，也得到本地领事认可，而且获得中外商人普遍支持。但最终因为在管理机构设置及费用征收方式上，道台与领事的上级意见相左，再加上一些士

1888年4月前彼此分隔而不贯通的外滩江滨

1888年4月竣工后的简陋马路,近处为浙海关洋药(鸦片)栈房(来自杜德维相册)

绅强烈反对,计划以失败而告终。

三年后,葛显礼的接班人康发达再次倡导修筑,经过约一年施工,到1888年4月,原先分开的私人道路终于连接贯通,但贯通的仅仅是海关到英国耶稣圣教堂(约在今甬江大桥北侧)这一段,长约0.8公里。尽管这条路的档次很低,路面各异,有石板路,更多的还是泥路,驳岸也只打了些木桩围护,但它的价值已显而易见了,一段时期内为中外居民所称许。然而,道路南延到新江桥的计划在第二年再次受到阻碍而搁置。

1898年,搁浅十年的"半拉子"外滩马路工程,再次动工。原道路南端的英国耶稣圣教堂,于这一年迁到海关南侧,法国天主教堂也同意拆让路面。新一任税务司穆麟德亲自指挥,工程可能于1902年才全部竣工。至此,海关南侧到新江桥沿江马路,总算全线贯通。与此同时,海关北侧与旧跑马场之间也建成了2/3英里长的滨江大道。直到此时,二十六年前英领事阿查理的计划才算实现,而十八年前税务司葛显礼提出贯通整个港湾的计划,只要拆除海关的沿江建筑,也可大功告成。然而,偏偏在这节骨眼上,一直积极促成滨江大道建设的海关,对自己的建筑,不知出自何种原因,迟迟未见拆除,成了滨江大道上的"钉子户"。1924年3月,

1932年拓路前宁海轮局（今外滩会馆）前的外马路（王之祥摄）

又一任浙海关税务司甘福履即将奉令调任汕头，这时他才表态：海关隔壁之税务司住宅，横阻沿江马路，有碍交通，愿拆该屋，建筑马路，以便贯通衔接，已呈请总税务司核夺。此外，甘福履还提到，这件事对于江北岸市政颇有影响，自己虽调任汕头，亦乐观其成也。然而，甘福履走后，拆迁之事还是不了了之。

至1932年，这条简陋的外马路因路面狭窄、摊篷林立、破烂欹斜，殊碍观瞻，鄞县政府不得不对其进行拓宽改造，但改建工程困难重重。

第一个困难是拆迁。拓宽外马路尽管外侧可填江滩，但内侧仍需拆让房屋。外滩寸土寸金，谁都不想失去或减少这"黄金"之地。1932年10月12日《申报》载："鄞县政府建设科为迅速完成江北岸外滩马路工程起见，曾屡派工程员催拆该段沿途房屋。兹因沿途房屋仍多未曾拆卸，难免延误建设工程。故决定于十日饬令工程员并雇大批工匠，将该段沿途房屋强制拆去。"为了拆迁，县政府最终还是动用了强制手段。

第二个困难是自然灾害。改建期间，遇两次台风，山洪直泄，海潮上

正在施工的外马路（王之祥摄）

涌，道路多次塌陷，行将竣工的外马路不得不重新修建。报载，从新江桥至洋船弄短短400多米的外马路，1932年2月动工，直到1934年6月才竣工。

  第三个困难是资金缺乏。这是改建外马路最大的困难。外马路以"置产捐""码头岸线租"等为担保借款兴建。1934年8月10日《上海宁波日报》载"鄞县政府为弥补念二年度至念五年度上期止，旧市款预算不敷起见，呈准民财两厅，向甬埠银钱两业商假市政借款念五万元"，但钱业公会经开会讨论后，认为县政府并无保障还本之指定的款，予以婉拒。续借商款不成，捉襟见肘的县政府囊中无钱，承接工程的张彩记营造厂迟迟收不到工程费，以致在工程竣工后一年半，还请求宁波商会出面派代表要求陈县长结算。据《时事公报》报道，直至1936年1月，县政府才"准予核销"，但"所有未发工款，仍于出售城基濠基款案核准后，另案请销"，可见县财政之窘迫。1932年制订的鄞县实施建设五年计划，外马路南段延迟了两年；拟建的北段洋船弄至海关约800米，最终是否完全建成，不得而知。因为拆迁和财政困难等原因，鄞县政府还与天主教堂打起了官司，也就是所谓"白水权"之争。

扬善路口南望竣工后的外马路（王之祥摄）

1948年外马路羊山巷至三横街段翻修，由于资金紧缺，政府只能作为牵头单位，向受益业主摊派。英商太古公司虽同意支付受益费四亿三千万元，却以公司前马路原先属太古公司产权为由，要县政府书面签认早已成为公地的产权，方肯拨款。被县政府拒绝后，又以体恤商艰为由，要求永久豁免水岸线使用费。为了修路，县政府只得讨价还价，同意其免缴码头租金五年。由于维修资金不足，县政府还降低维修标准，使用囚犯做劳力，以减少经费支出。

外滩的横向街巷有二十余条，多数只有百余米长，不足为道，若说其特别之处，那就是不少路名带有开埠的印记，如洋船弄、旗昌弄、逊昌弄、洋关弄，以及装船巷、招商巷、宁绍巷等等，现今这些路名早已尘封于历史之中了。

1936年民国《鄞县通志·鄞邑城厢图》局部

【四】　青年会

1920年的青年会（来自市档案局）

1925年5月13日下午三点半，新江桥北堍西侧热闹异常，一场奠基仪式在鼓乐声中开始，奠基的是宁波青年会大厦，但其实早在1924年1月22日，这座大厦就开始动工建设，此时已建成大半。

  甬水汤汤，源远流长。西来基督，教被此邦。提倡会社，名曰青年。网罗英俊，启发承先。大哉建筑，新江桥边。立基不拔，永垂万年。官斯土者，乐观厥成。自是以后，百废俱兴。衮衮诸公，绸缪牗户。具斯宏愿，景仰无似。[1]

奠基仪式上，张道尹、江知事等宁波地方政要，以及绅、商、学各界纷纷致贺词，北美青年协会代表巴乐满作演讲，崇德、圣模、甬江等校女学生分批进行歌唱，会长樊正康致答谢词，邬志坚牧师祝福。奠基礼隆重而又喜庆。

青年会全称中华基督教青年会，这一组织19世纪40年代成立于英

---

[1]《时事公报》1925年5月14日。

1928年的青年会会所（来自宁波天主教区《宁波简讯》）

国，19世纪末开始传入中国，1912年上海成立了中华基督教青年会全国协会，1917年10月，陈谦夫、余德华、张裴伯、纪挺芳、严齐富等联络甬上中西人士数十人发起筹备宁波青年会，筹备期间在太阳公司设临时事务所，次年4月迁到傅家桥下蓬莱春旧址，当月26日正式成立。

青年会成立后，各界青年积极响应，踊跃入会，组织发展迅速。蓬莱春的场地过于狭小，不敷于用，青年会成员就发起募捐，欲购地建造新会所。当时预算基地建筑设备各种费用，共需十七万元。本地政要及绅、商、学各界领袖如黄道尹、姜知事、林厅长、孙鲁贯、陈贤珩、陈元渭、张显民、杨传炳、贝连甫、任莘耕、方保廉、包湘涛等纷纷慷慨解囊，青年会还计划向沪汉京津各埠发起募集。建设工程由濮卓云、朱旭昌、吴莲汀、纪挺芳、陈伦孝、施秉章、周若砥等人具体负责，外国工程师负责设计，邬全顺记营造厂承包建造。

经过两年建设，1926年2月宁波青年会新会所建成，大厦面江而筑，虽只有三层，但因是公共建筑，比一般楼房高了不少，显得格外宏大。会所不但外表气派，内部设施也相当完善，设有大礼堂、演讲厅、电影室、会议室、图书室、阅报室、游艺室、弹子房等等，临江处还筑有一水泥步道，半挑出岸，如同水榭，可凭栏眺江，欣赏风景。这步道一直延伸至新江桥。

1926年4月3日，新会所正式开幕，连续多天答谢各方来宾。据《申报》报道，开幕次日，青年会招待学生界，到者约七百人。这一天的答谢会上，"陈企白君颂词，李孤帆君演讲，史爱珠女士钢琴独奏，尹君拳术，并有上海少年宣讲团团员（此次特地来甬）表演《少年血》及《强权末路》。晚仍举行同乐会，秩序有竹林、崇明二校合演歌剧《月明之夜》及中国电影，观者竟达千余人"。

青年会成立有京剧社、白话剧社、足球队、篮球队、网球队、乒乓球队、国术班、棋艺班等各种文体组织，举办演讲会、展览会、交谊会、音乐会、读书会、夏令营以及参观、旅行等各项活动。还承担火警救护、法律顾问、卫生顾问、慈善救济等社会事务。活动内容有卫生、保婴、拒毒、勤俭、救国、国货、国术、公民教育以及识字、合作等等。新会所建成后，为开展各项活动提供了理想的场所，青年会的活动更加丰富多彩。

青年会最引人注目的活动是举行各种演讲，"中国奥运之父"、青年会全国协会首位华人总干事王正廷，中国最早红十字组织创立者、青年会全国协会总干事余日章，中国平民教育家和乡村建设家晏阳初，儿童教育家、儿童心理学家陈鹤琴，西北军五虎将之首、近代国术界巨擘张之江等都先后到宁波做过演讲。青年会请过留欧回国的朱懋澄，演讲《留欧九载之感想》《我之最近欧西社会观》《我之最近欧西教育观》《我之最近欧西家庭观》，也请过留学俄国的华挺生演讲《劳动运动之历史，及今后宁波之劳动者应有之觉悟》；请过反共的国民党右派领袖胡汉民演讲《青年爱国与结社》《青年救国与主义》；也请过亲共的牛津大学硕士徐庆誉演讲《社会主义与中国》。

北伐时期，青年会请左天虹、陈器伯演讲《北伐进展新形势》，陈百昂演讲《不平等条约》。日寇强占东三省后，青年会每日晚七时至九时，请各界爱国多学之士轮流演讲。1931年10月请朝鲜革命志士华一山演讲，详述朝鲜亡国痛苦，华提出希望中国民众能本乎总理遗教，联合弱小民族，反抗并打倒日本帝国主义，使被压迫者皆能获得自由解放。

青年会不但引导青年关心国家大事，唤起民众国家意识，还以各种形式开展贴近生活的家庭教育活动。早在1921年，青年会就开展了亲情活动。1924年11月26日《申报》载：

1930年宁波青年会排球锦标队（来自市档案局）

宁波青年会于每年冬季举行父子大会一次，迄已四届矣。兹将该会此届举行情形，略志如下，十九日晚在泗洲塘斐迪大学举行，到者有全校学生，由主席分给思亲节信笺，劝诸生各写家书一封，借资增进父子间之爱情，继以电影助兴。……二十二日下午一时起，在本会举行童子游艺会，到百余人。同日下午四时起，开父亲讨论会，由樊正康硕士主席，讨论父亲对于儿童的一切问题。同日晚父子叙餐会，到两百余人。餐毕，由李珰卿先生演讲《广孝》，又有电影《父女重逢》助兴。二十三日晚父子同乐大会，到两百余人，由倪德昭先生演讲《家庭对于儿童所负的责任是什么》，又有新剧电影，以助余兴。

青年会的社会活动形式多样，如1926年6月的卫生运动安排如下：会场陈设石膏人体模型、图表、衣服、玩具、显微镜等，销售卫生书籍、卫生用品等。由该会干事及医生详细介绍模型、图表，请生生医院院长孙莘墅演讲《个人附公共卫生之责任》，倪剑霞演讲《个人卫生大纲》。青年会与妇女益智会共同举行的保婴大会有下列内容：一是陈列各种婴孩衣服、用具、玩具，出售各类模型暨卫生物品；二是请戚伟良、杨槐堂、刘贤良诸

1933年青年会全黑篮球队（来自市档案局）

医士，检验婴孩体格；三是请伯特利张女士演讲《婴孩保育法》；四是请圣模幼稚园及甬北幼稚园表演助兴；五是请体生医院院长吴莲艇演讲《产妇与婴孩之康健》。不难看出，青年会活动注重实效，讲究趣味性。其他如"发起时疫医院，施种牛痘，坑厕编号，添置垃圾桶，调查全城卫生状况，请求官厅取缔坑厕等事，均为地方人士所赞许"。[1]另外还举行一些慈善赈济以及文化补习、技能培训等方面的活动。

青年会积极开展体育活动，成立了各类体育团队，其中篮球队就有全黑、全白、全蓝等数支队伍。全黑队球艺精湛，在1929年本省第一次运动会上获得锦标，并代表浙江省出席全国运动大会；全白队也不弱，同年在本市篮球竞赛中获乙组第一名。早在1920年6月，青年会就发起成立宁波中等以上学校体育联合会，并经常举办校际比赛。当时宁波的篮球、小足球、网球比赛，几乎都是由青年会主办。1933年10月30日，宁波技击社成立，青年会请上海精武会"四大名师"之首、主持教务的赵连和等十余人到宁波登台献技，积极推动国术在宁波的发展，入技击社者达百余人。

---

[1]《宁波青年会1924年度报告》。

1932年青年会举办网球比赛决赛队合影（来自市档案局）

为介绍新事物、传播新知识，青年会多次举行大规模科学演讲，请全国协会饶柏森、韩镜湖等人携带大批仪器来宁波，讲授无线电报、无线电话、空气功能、单轨铁路及有声电影之原理。青年会还与宁波业余无线电研究社合办无线电工程补习学校，与省立水产试验场合办水产展览会。为吸引人们的注意力，展览会陈列品中展出当时罕见的热带鱼，一日参观人数达一万两千五百余人。展览会还放映水产影片，帮助民众了解水产情形，以促进渔业发展。

青年会呼吁社会各界摒弃各种恶习，拟订废娼计划，进行废娼宣传，开展拒毒运动。以分发传单、张贴图标、进行演讲、化妆表演等形式开展系列宣传活动，以及自编自演《芙蓉城中的冤魂》《饮鸩止渴》《黑籍冤魂》等剧目，进一步向人们揭示鸦片的危害性。

作为基督教名下的社团组织，青年会也举行一些宗教活动，但宁波青年会坚持自立自养自治，"进入青年会之门，从来不会勉强你听圣经，勉强你信耶稣，尽可能在避开宗教，只是单纯地在设法给你一些研究或训练德智体群四育的机会[1]，"因而受到青睐。青年会活动在社会上起到了除旧

---

[1]《宁波晨报》1949年4月14日。

被轰炸后的青年会废墟（来自《1949：宁波反轰炸纪实》）

趋新、激浊扬清的作用。

宁波沦陷后，青年会会所被日寇占领，成了"日本人会"的场所。更为不幸的是，在日寇投降前一年，即1944年9月，会所失火，五开间二层楼洋房前后两幢，全部被烧毁，成了一片废墟。抗战胜利后，青年会一时无力重建，只得暂租桃渡路、玛瑙路两处房屋活动，打算购买原英国领事馆作为会所，而将原会所场地租给别人，盖成了甬江电影院。1947年，青年会收回电影院，改称其为青年会大礼堂。次年，决定重建规模宏大之会所，计划将面积增至十四亩。为筹募建筑经费，还在上海组设驻沪办事处，但此事无果而终。中华人民共和国成立初期，国民党飞机狂轰滥炸，青年会大礼堂又被炸成断壁残垣，只剩下临江一排栏杆。

1925年的那场奠基仪式，过去了整整90年，岁月沧桑，宁波青年会成了历史，青年会大厦成了历史，参加大厦奠基的青年们也成了历史。昔日青年会的土地上，现今已是一片宽阔的草坪，见不到一点点遗存，但茵茵小草之下，那块刻有"灵基永固，活水长流，有光在岗，共沐神庥"文字的奠基石，或许还静静地躺在那里。

【五】

戏园

兰江剧院

　　由青年会向北百余米，曾经有座兰江剧院，上了点年纪的宁波人，特别是江北岸人，大概都对它有记忆。20世纪80年代前后，这里十分热闹，若有精彩电影上映，兰江剧院售票窗前常常排起长队，一票难求，"黄牛"也趁机赚点小钱。兰江剧场原称兰江大戏院，建于1933年12月，老板陈锡庆看到火车站日趋繁华，于是投资一万数千金在火车站对面车站路旁兴建兰江戏院，并从津沪等地聘到名伶多人，如坤角花衫虞秀霞、勇猛武生王桂卿、坤角须生于桂芬、唱工老生徐剑鳌等，开演之日锣鼓喧阗，盛况空前。1936年因让地拆屋，兰江戏院迁建到白天车水马龙、晚上灯红酒绿的桃渡路上。后又东迁，接近今人民路。

　　戏院在以前也称茶园、戏园。在戏园出现之前，宁波一般在庙、殿、宫、馆和祠堂内演戏，这些地方大多建有精致漂亮的戏台，"草台班子"也在街头临时搭台演出。1899年，大成戏局京昆各班在宁波城乡进行了长达三个月的演出，各班轮番在宁波郡庙、邑庙、二境庙、汤令公庙、关帝殿、药王殿、财神殿、都神殿、鲁班殿、天后宫、东岳宫、水仙宫、南号会馆、北号会馆、连山会馆，以及屠家祠堂等处演出。据《鄞县通志》称，旧时郡邑两庙几乎没有一日不演戏。1877年5月，江北岸佘使君庙曾因祀神演戏时失火,烧死、踩死三四百人,酿成惨祸。

从目前发现的史料看,宁波最早的戏园出现在1875年7月,《申报》载:"江北岸义利洋行对面近已新设一外国戏园,班内之人有力能负三百斤重之炮而施放者,至马戏等技尤奇妙绝伦,故观者颇多,极称热闹也。"不过,这个戏园也许只是一座搭搭帐篷,演演马戏的戏园。

1876年9月21日,一家名为"庆丰"的戏园在东门外开业,《申报》载:"看客非常之多,后来者几无座位。更有看白戏者,以其大门紧闭,未能擅入,各怀愤恨,竟有欲扛巨石而撞开其门者,亦有搬运瓦砾堵塞其门者,更有从墙外抛砖掷瓦而至园内者。又或爬上墙头挖开壁洞而窃窥者,种种闹事,致园中看客均抱不安,台上诸伶亦觉无味,唯有暂且停演,再行设法,或当照沪上规模,亦雇西人弹压耳。"

庆丰戏园后被饬令闭歇,无法在江厦立足的老板,只得将戏园搬到江北岸,花六百银圆在傅家道头买了一块基地,盖造新戏馆,并改名为熙春戏园。傅家道头东近新江桥,西近盐仓门外和义渡,地段甚佳。为防止重蹈覆辙,戏园还寻了位法商贝鲁爱合作,请来两位洋人把门,维持秩序。戏园重新开业,演员行头脚色簇簇生新,观者闻讯而至,生意甚为兴隆。

但好景不长,不到两个月,戏园又遇到

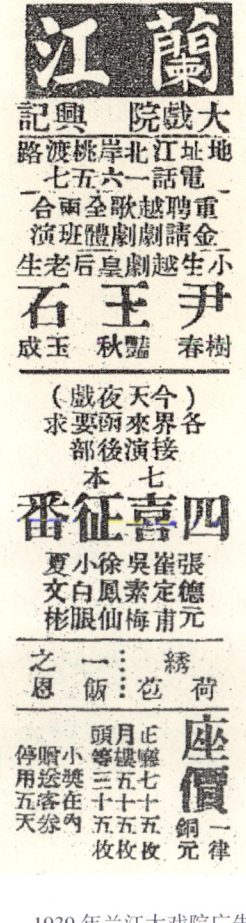

1939年兰江大戏院广告

麻烦。报载"十四日亥刻突有小船户四五十人硬欲进内看戏,经园主拦阻,当将园主拖至街心殴打,受伤颇重"。事后,江北岸巡捕逮住两名滋事者,解至佑圣观内。经英参将葛格讯明滋闹属实后,随即备文送请鄞县县府讯办,县府不收,于是带回巡捕房管押,后由巡捕房判定各责藤鞭一百,并各罚洋银十元,给法人养伤。事虽了结,但熙春戏园却被上海法领事照会饬停。戏班不能在宁波演出,无奈去了上海。

戏园停业半年,只得再找靠山,法商不行,又傍上美商会理洋行,并将戏园改名为"会春"。还拉大旗作虎皮,在戏园门前挂上会理洋行金字招牌,贴出美商奉领事官谕准开设戏馆的大红告示:"因京城省城均皆开演,国制已满,为兴隆码头起见,诸君光降,敬祈原谅。如有借端索诈等情,定将扭送领事官移办,勿谓言之不早。"[1]

开设这家戏园的,幕后有人,此人是鄞县孝廉郭诗臣;捣乱这家戏园的,背后也有人,此人是福建监生李庆瑞。背后作祟的李监生活脱脱是个敲诈勒索的流氓,熙春戏园闹事、告状即是他所为。看到戏馆要重新开张,他马上召集十余人到郭孝廉邻近的酒馆中,扬言要郭集资一千五十元馈之,否则还要上告。

重新开张的会春戏园,并未理会李监生的勒索,请来六十余名演员演戏,生意倒是不错,看白戏的也不少。把门的洋人有前车之鉴,怕惹出事端,也不敢像先前一样严厉。尽管如此,戏园开张不满一个月又被要求停演,传说是戏园并未奉领事官明谕,但关键仍是李监生告状所致。这个李监生,累控十余次,虽被官府以越俎驳斥,仍不肯善罢甘休,又到道署告状。于是,道署转府署饬查,府署审后又发县署详办。最终结果仍是戏园倒霉,被迫关门,六十余名演员连回家的盘缠也没挣到,由道署瑞观察传人每人给洋银两枚,着回北京安业。

俗话说"强龙斗不过地头蛇",为什么本地郭孝廉反倒斗不过外地李监生呢?究其原因,一是当时福建人势力不小,在宁波开鸦片行的闽商就

---

[1]《申报》1877年9月1日。

1927年天妃宫演戏（来自"独立观察员"的博客）

比甬商多一倍。《甬上古今名人轶事》载："宁波天后宫，实福建会馆，凡遇演戏，闽人必以两手托门楣，使甬人欲观戏者，从腋下而入。王瑞伯闻之大怒。以谓此举如同胯下之辱。"二是开戏园理不直，气不壮，上不得台面。当时社会，演员被称为优伶，与娼妓、乞丐同属"下九流"，地位极其低下。社会舆论认为"开设戏园，例虽不禁，究非正业。郭某身为举人，亦系一乡之望，奈何甘与优伶为伍，而为此下贱之业乎？"[1] 连思想开放、见多识广，常与洋人打交道的陈政钥，也认为开戏园"事属无益，民实有害"，而联名公禀请禁。官府更是怕绅衿子弟游荡而不务正业，滋生事端。当时合开会春戏园的有三人，皆为本城绅士，但都不敢出头露面。太守亲讯优人蔡宗明时，蔡不承认郭诗臣拼有股份，只承认"借与小的洋五百元耳"，太守以堂堂举子何缘借戏子以多金，必有不实不尽之处，即将蔡发县研讯，再行详办。底气不足的郭某，自然对付不了李某的纠缠。最终，优人蔡宗明在县"自愿"具永不复开戏园甘结存案，戏园之屋后来被卖出拆除。

会春戏园关闭后，英商包尔斯还想在江北岸开设戏园，宁波官府怕滋

---

[1]《申报》1877年5月18日。

事生非，就干脆出了《永禁开设戏馆示》（选自1878年5月7日《申报》）：

鄞县正堂沈为遵札示谕事，光绪四年三月二十六日奉道宪瑞札开，本年三月二十一日准英领事固照会，据向在本口之英商包尔斯禀称，拟在此处开设戏园一所，如蒙道署允准，或四月半年，除亲自照管外，再当雇用稳干买办，决不滋生事端。每夜于子正停演，并愿捐赀助赈等情禀祈照会前来。据此，本领事查该商素称妥练，相应照会照请酌夺等由，准此。查此案前于光绪二年八月间，有华人在东门外开设戏园，当经前署宁府孙守饬令闭歇详道立案。嗣十月间法商贝鲁爱在江北岸开演，即有监生李庆瑞以戏园滋事等词，来道具控，复经本道分别照会谕饬禁止。而上年八月间美商会理复在该处开设，又据绅士陈政钥等禀，以事属无益、民实有害等词联名公禀请禁。复经本道札府督县出示永远禁止在案。兹准前由，除照覆固领事并抄案分别札饬，暨此次照覆领事文稿一并札发详报外，合行札饬札县即便查明前项告示，如因未曾遍贴晓谕，以致该商在本口尚未见知，复有此禀，务再声明，前案出示多为缮发遍贴，晓谕永远禁止，俾可周知，免致再生觊觎，切切。计发抄案并照会复稿等因，下县奉此。查是案前奉宪札示禁，不准开设戏馆戏园，倘敢故违，定即严提为首之人及班头戏子到县从重究办，决不姑宽，各宜凛遵毋违，特示。

禁示公布后，报载西商包尔斯依然志在必成，行将继续开设。但后事如何，不得而知。5月8日《申报》评论："查《和约》，通商口岸苟西商欲设戏馆，原无禁例，即领事官亦不能挠阻。缘此为歌咏升平，中西各国行之已千数百年，断不能独于宁波而禁革也。且闻宁波百姓亦皆乐开戏园，俾暇时得以赏心娱目，如华官必执意不依，势必仗西人力购地开演。斯时禁之不能，听之不可，何弗及此时而乐得留一情面哉？如谓恐无赖辈滋事，则殊不然。地痞土棍何处蔑有，官本当随时惩儆，要不在戏馆之有无。京

江厦天妃宫戏台,19世纪70年代摄(来自包腊相册)

师上海戏馆林立,亦安见其日有事故,而穷乡僻壤终年不闻丝竹之音者,将地老天荒,岂一无斗殴案件乎?总之,因噎废食,事事难行,即于永禁戏馆一端,心殊不解。"

十余年后,浙海关税务司墨贤理在报告中提及,1889年3月,一位住在上海的美国人领到许可证,在宁波外国人居留地开了一家戏园,他的名字使他的戏园获得了美国领事的支持,但被府台以不服从命令的理由关闭。这家戏园就是馥兰戏园。墨贤理似乎不太理解戏园被关闭的原因,其实,馥兰戏园也被人"敲竹杠"了。1889年5月21日《申报》载:"宁波江北岸劣生某某等,因该处新开馥兰戏园,实系计名洋商,前往索诈。刻因索诈不遂,以园中所设自来火时有渗漏炸裂之虞等词,赴宁关道署控告。"后来,虽然查实戏园并无其事,但因为有十多年前的《永禁开设戏馆示》,开设戏园属显违禁令,经道宪饬县勒令闭歇,只得停演。

戏园设在江北岸外国人居留地上,发许可证前也经过道台允许,却不

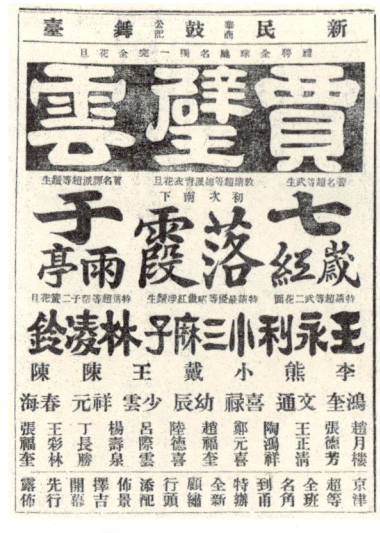 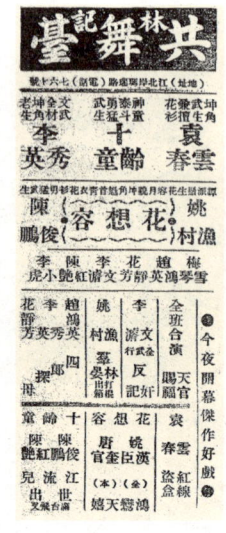 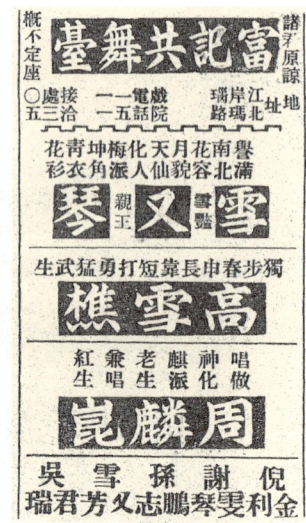

1919年新民鼓舞台广告　　1937年林记共舞台广告　　1938年富记共舞台广告

料因劣生告状而被后任道台禁止,美国领事自然就不乐意了,于是再三照会,要求复演。吴道台权衡再三,只得找几条理由让馥兰戏园重新开业:一是该馆停止已久,美商赔累堪怜;二是领事再三照请,本道谊难坚拒;三是续加章程三条,令其缴洋六十;四是款用郡城善举,地方损益相抵;五是戏馆本系薛升道允许在先。总之,有这么多原因,本道台只能复准开演,就地绅民当所共谅。贴出准开戏馆示后,道台同时警告:"自示之后,如有棍徒借端阻挠,并无故恃强闯扰,定行拿究。事关交涉,勿谓言之不预也。"[1] 吴道台还增加两条措施:一是咨呈提军门禁止兵勇闯看滋事,二是谕饬督捕华生添雇巡捕认真弹压。戏园复演不久,又发生乍浦营水操勇刘阿星召集多人,大闹戏园,持械砸场伤人事件,1891年4月戏园关闭。

馥兰戏园闭歇后,在近二十年的时间里似乎再没有人在宁波开设戏园。1898年2月,传闻曾有西人欲就江北岸开设戏馆茶寮,禀请英领事官与宁绍台道道台吴福茨观察面商,被吴婉拒。直到1910年7月,江北岸才又次第开出群英聚乐、幻仙、万胜三家影戏园。"群英聚乐"开在桃花

---

[1]《申报》1890年12月22日。

1936年共舞台开业预告

渡头,"幻仙"设在财神殿对面,"万胜"位于老协记茶栈。影戏园的活动影片鲜明活泼,出人意料,五色电光,万花齐放,一举一动,声影相随。除了看影观戏,影戏园还附带变戏法、演马戏。开业初期,影戏园生意很好,"座客常满,热闹异常"。法商亚伯第也来凑热闹,开演西洋影片,其内容"更令人见所未见,游目骋怀之具愈出愈奇"。然而好景不长,三家影戏园不久因"座客寥落,无不亏蚀"而相继关闭。亚伯第见西洋影片生意不佳,就另设抛球、掷圈、打弹等游戏。因形同赌博,被"警局巡士禀悉吴大令当饬令停闭"。江北岸外滩的影戏园又归沉寂。

"江北发起鼓舞台,沪上名伶航海来。远近士女争先睹,道路车声喧若雷。大局安危未可知,风俗繁浮竟如斯。人贫世富是速祸,令人感慨长嗟咨。"[1]清朝灭亡之后,江北岸陆续开了多家影戏院。撑市面是鼓舞台,鼓舞台设在火车站附近,有永记、公记、鑫记、瑞记、合记之分,还有笑舞台、凤舞台、天胜舞台等等,这些名目繁多的舞台,有的是竞争关系,同时在报上做广告,拉顾客;有的可能是承袭关系。这些舞台在广告宣传时,

---

[1] 张传保、陈训正、马瀛等编撰:《鄞县通志·文献志》,宁波出版社2006年版,第1366页。

大多会亮出自家有上海背景、系华商身份。这表明此时上海的发展已远远超过了宁波，其上海背景成了一种资本；而强调华商身份则表明当时社会各界对列强的反感、厌恶，自强成为社会潮流。

1930年前后，余姚人黄楚九在上海大世界开设"共舞台"大获成功，闻名遐迩。受其影响，1936年11月，李林发也在江北岸开办起共舞台，首批出演是上海名角花想容等，于当月15日开演。不久，在不到400米长的玛瑙路上又相继出现林记共舞台、爕记共舞台、富记共舞台、合记共舞台、佑记共舞台等戏园，这些共舞台之间的相互关系因资料缺乏，难以厘清。

旧时戏园附近常常伴有声色场所，从旧报披露的信息看：江北岸桃花渡、傅家道头一带向为流娼聚集、藏污纳垢之区，盛时所谓江西唱班和苏帮娼妓麇集于此，竟达百余家之多，这些娼妓大多能演杂剧以及唱演客串花鼓淫戏，纨绔子弟观看演出时，往往沉溺其中，并动辄聚众滋事。久而久之，这一带也就沦为纸醉金迷、伤风败俗之地。

【六】

教堂

天主教堂钟塔

原兰江剧院向东百余米，即是著名的江北岸天主教堂，该教堂建于1872年，距今已有144年历史，是全国重点文保单位。教堂最初称圣母七苦堂，为一座平面呈十字形的建筑，后几经扩建，才逐步形成如今巍峨的外观和宏大的规模。首次扩建是在1876年，当时增建了主教公署和藏经楼，成为主教常驻堂。1887年教堂进行第二次扩建，在主厅大门口加建钟楼，钟楼顶上四角用宁波当地的青石，建了四座玲珑剔透的镂空小塔，与原建筑上二十四座小塔相呼应。钟楼内的铜钟，类似于电影《巴黎圣母院》中卡西莫多所撞之钟。第三次扩建是在1899年，在钟楼之上又添建钟塔，即在四座小塔中间又加筑了高高的圆锥形大尖塔，尖塔顶上再添置十字架，塔内安装大自鸣钟。经过这次扩建，这座哥特式教堂显得更加高耸挺拔，成了三江口地标建筑。1926年，主教赵保禄在巴黎去世，遗柩运回宁波，天主教堂主厅南侧又增建一耳室，用于安放赵的棺柩。此后，天主教堂大致就一直保持着这种外观和格局。

1851年建成的槐树路教堂（来自 *OUR LIFE IN CHINA*(1869)）

外滩现存老教堂，除了天主教堂，还有基督教堂。基督教堂又称耶稣圣教堂，最初坐落在今甬江大桥北侧位置，西靠同兴街，东临甬江。光绪二十四年（1898）外滩拓路，教堂迁建到今浙海关旧址博物馆南侧。从迁建时算起，这座教堂至今也有118年的历史了。

除了外滩这两座教堂，江北岸历史上还曾建过另外几座教堂，一座是槐树堂，《浙江早期基督教史》记载："1851年，他们在姚江北岸（与宁波城一江之隔）建立了一座教堂。这是一座砖石结构的建筑，建造的成本很高，因为其建筑材料来自中国各地，其中木材是从福建运来的，玻璃是从广州运来的，还有些建筑材料来自香港和上海。"槐树堂是江北岸最早建成的教堂，也是宁波市最早建成的基督教堂，比城内府前礼拜堂还早建成三个月。据《宁波市志》记载，直到20世纪90年代初，这座教堂还存在，但现今已荡然无存，我们只能在旧影和画作中，看到这座教堂的远景。

新马路圣保罗教堂,摄于 1914 年前(龚维琳提供)

　　大庆路新马路十字路口的西北侧,历史上也曾建过一座教堂,从老地图的标注看,这是座天主堂;但从旧报资料看,它是座基督堂,名叫圣保罗堂。奇怪的是,早在 1914 年就已经存在的这座教堂,《宁波市志》《鄞县通志》均无记载。圣保罗堂后由宁波四明银行经理应彭年购入,1947 年 8 月以震荫堂名义赠送给浙东中学。张传保在《震荫堂记》中写道:"甬江之北离市廛不远有西式楼厦一楹,岿然突峙,雄踞驰道旁,据地三亩许,楼锐且卓,略仿泰西峨特式建筑物,矞皇轮奂,台构崇闳,俯瞰辽坰,遥挹澄濑,丛蔚交碧,浓绿扶疏,虽略近薪市而尘嚣不染。应君彭年购自西人,为追记其先德廷震公,故颜之曰震荫堂焉。"圣保罗堂归入浙东中学校产后,曾作为学生的"灵修之所"使用。

　　另外,1926 年,美国伯特利教会在草马路也曾建过教堂,位置在今湖西路南端丁字路口中间,称作伯特利堂。根据文史资料判断,江北岸应该还有几座小教堂。

　　宁波传教士中,声名最为显赫的要数赵保禄主教。《鄞县通志》载:"光绪间天主教最著威名之大教士为赵保禄,宰割一府生灵而官府无力制止之。"民间传:"宁波道台一颗印,勿及赵主教一封信。"民间传说绝非空

赵保禄主教与教职人员合影,1924年前摄(来自宁波天主教区《宁波简讯》)

穴来风,1917年顺直水灾,天津红十字会会长孙仲英来甬劝捐,赵主教闻之,先解衣一袭,嘱孙会长变价赈济,又致函侨华五十余位主教,劝募捐款四万金。赵保禄因此荣获民国二等嘉禾勋章,其书信分量可见一斑。

1903年9月,赵保禄五十大寿(宁波习俗做九不做十),祝寿场面极为隆重,"从药行街天主堂到江北岸天主堂,沿巷都用五色幔天帐,悬灯结彩。宁绍台道台亲自去拜寿,由宁波的一些士绅(举人、秀才之类)替赵主教在寿堂前回拜。"[1]提标中军参将周友胜乘马前驱,为其开道。各县县令也前去捧场,《申报》载:"慈溪县王大令均于本月初一日命驾至郡,随赴天主堂祝贺赵主教寿诞……"

1923年11月6日,法国政府授赵主教荣誉十字勋章典礼,在宁波泗洲塘毓才学校举行,中外来宾云集,车水马龙,极一时之盛。《申报》报道:"法军舰辣尔个尔奉命于六日晨抵甬,到时鸣炮,有兵头九人,率领武装海军三十余人,九时许排队至毓才学校。是日中西官长到者,有会稽道尹黄涵之,镇守使代表陈熙甫参谋长、林厅长、姜知事等多人,暨驻华英领事

---

[1]《宁波文史资料》第一辑,倪维熊《宁波的"外人居留地"》。

小修院，1933年前摄（来自宁波天主教区《宁波简讯》）

凡鲁笃、税务司甘福履、邮政司杜爱尔等多人。又有毓才学校、懿德女学校等团体及各界来宾，共计两千余人。"

1926年2月赵保禄病逝于法国，灵柩不远万里运回宁波，天主堂所属学校师生及各司铎等千余人，前往码头迎柩，佛教孤儿院军乐队为之前导，抬着置有赵主教所遗之十字架及中法政府所授之各种勋章的彩亭，由总堂整队出发，浩浩荡荡，在外滩绕了一圈，沿同兴街何家弄转海关后至外滩江天码头，沿途派纠察多人维持秩序。追思礼更为隆重，宁波各地中西司铎、教立男女各校师生，以及耶教牧师、佛教孤儿院代表等均到场。鸣钟后，集合在教堂中，由司领同祈祷唱诗读《圣经》，为其哀悼。宁波的头面人物段司令、朱道尹、林厅长、张知事、威税务司以及不少士绅也前往现场，共计有三四千人。

《浙江天主教史略》称赵保禄所办的事业中最著称的有三：一是草马路庞大的建筑群，二是在绍兴、衢州等地办学，三是救灾。

草马路建筑群由以下建筑组成：

其一是保禄大修院，位于今人民路草马路交角西南，竣工于1917年。据《鄞县通志》记载，在大修院修业年满，能为天主教牺牲一切并终身誓

拯灵会,1916年摄(来自宁波天主教区《宁波简讯》)

守三愿(即绝意、绝财、绝色),方得晋升司铎,否则离院还俗。领受铎位之日,由主教在公堂举行隆盛祝圣礼,新司铎在主教及全堂教徒前郑重宣誓,终身守愿,至死不变。绝意即一生服务教会,任凭主教委遣或往内地分堂传教,或在附属团体服役,唯命是从,无丝毫成见。绝财即一生衣食住用,悉由教会指定给养,食之甘苦,衣之完旧,均不置问,除经主教特许及职守上之权限外,不得有一分半毫之任意使用。绝色即终其身不得婚娶。

其二是增爵小修院,位于今大庆南路草马路交角东南。1851年小修院创立于定海,1915年赵保禄在草马路建筑新院,1916年落成。小修院为培植天主教中有志修道青年而设,授以宗教道德及中等教育,为入大修院之预备。小修院附设备修院,在原光明皂烛厂旧址,备修院修业三年后入小修院。

其三是拯灵会,位于今人民路草马路交角西北。拯灵会成立于1892年,最初设在药行街仁慈堂,1905年迁江北慈母堂,1916年在草马路建造新舍。据《鄞县通志》:拯灵会的宗旨是对天主教中有志修道的女子,授以宗教道德及中等教育,兼修卫生、缝纫、家事、保姆等科,以造就女子小

普济院，1920年前摄（来自"独立观察员"的博客）

学师资，养成办理慈善事业人才。拯灵会以"立德立功修已淑人，拯救已亡信徒灵魂"为训，凡教中女子身家清白，品行端淑，自愿终身守贞并抱有济世利人之愿者皆可入会。

其四是普济院，位于今人民路草马路交角东北。普济院的前身是药行街仁慈堂，始建于1870年，因不敷于用，又在新江桥堍天主教堂侧另设一院。1910年，开始在草马路建筑新院，渐次建成。院内分设安老院、残废院、疯人院、育婴院、孤儿院、工业场、施医院七部，其经费由欧洲保婴大会拨助。普济院北面有一座占地面积较大的西人球场，可能原先是跑马场。

最后是中西毓才学校，位于今人民路与人和巷夹角西北，因在后文《学校》篇内已有述及，这里不再赘述。

不难看出，草马路建筑群实际上是天主教会庞大的教育、慈善基地，这些建筑有的掩映在绿树丛中，有的矗立在草坪之上，有的建造在水塘旁边，高低错落，疏密有致，造型各异，蔚为大观，俨然一派异域风光。一百多年后，这些辉煌的建筑基本已消失殆尽，只有普济院还剩下一排拆了门楼的洋楼，默默地伫立在草马路侧。

1928年草马路建筑群鸟瞰图（来自宁波天主教区《宁波简讯》）

赵保禄在宁波任主教长达40余年，其间，获得不少荣誉，有清廷双龙宝带，有中华民国二等嘉禾章，有法国政府的荣誉十字勋章，还有教皇御座大臣衔。但他的口碑似乎不佳，浙江巡抚聂缉椝说他："狡诡奸猾而又深悉内地隐情，平日依教横行，纵容包庇，官场久已畏之如虎。"[1] 赵主教不但在海门教案、宁海教案和定海朱家尖教案中庇袒教民。在温州瑞安，地方官也说"浙东法国主教赵保禄尤横，挟兵船至温州，必欲杀杨"[2]，要将法不当死的杨茂奶置于死地。在绍兴，为建造天主教堂，赵保禄以500银圆向清政府强买绍兴大善寺。在宁波，为提前终止合同，天主堂竟雇人将船公司建造的码头、趸船铁链一并拆毁。此事赵主教虽未出面，但应该也脱不了干系。赵主教还动不动就以炮舰恫吓，朱家尖、宁海、瑞安教案中，他都动用军舰施压。这种强势、蛮横的做派，使做了不少善事，让江北天主教堂多次成为妇女儿童避难场所的赵主教，最终给人以"一手拿着宝剑，一手拿着十字架"的印象。

[1]《宁海县文史资料》第五辑，《王锡桐起义》。
[2]《清史稿》卷四百五十一，"列传"二百三十八。

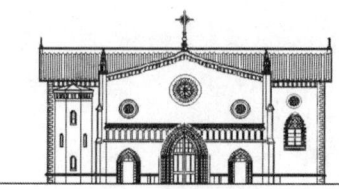
1872—1887年

1887—1899年

1899—1926年

1926年以后

江北岸天主教堂沿变图

【七】

白水权

19世纪70年代尚未建路时天主教堂前一带滨水区（来自包腊相册）

白水权称作码头权，也有人说"白水"为"泊"，白水权即是泊权，相当于现今的岸线使用权。二十世纪二三十年代，因为白水权，天主教堂与宁波市政府、鄞县县政府有过长达数年的争端。

事情还得从晚清说起，当时宁波人买卖滨水土地时，有一种相沿成习的行为，就是在地契中载以"江心为界""潮落为界"字样，一旦涨涂成地，就占为私有，还美其名曰"子母相生"，似乎新涨的涂地，理所当然可以占有。又因为地契中载有"江心为界""潮落为界"字样，与土地毗邻的水面似乎也属私家所有。民国时，鄞县知事祝绍箕认识到这种侵公为私恶习的危害性，向省政府建议："凡立地契，须凭丈尺，嗣后禁用'白水为界'字样，以杜含混。"经省长吕公望批准，后任知事王理孚于1917年在"勒石严禁侵占而重水利碑"中公示禁止侵占。"嗣后凡有沿江一带，无论新旧淤涨之地，一律不准报买。"[1]

但这一公禁，只禁止了滩涂的"子母相生"，并未明确涉及白水权的归属，与私有滨水土地毗邻的白水权，依然被视作私家权利，那些滨水土地所有者

---

[1] "独立观察员"的博客《漫话宁波近代史上的天主教》。

依旧将自家土地前的岸线包括水面出租给轮船公司,谋取利益。

收回白水权的行动始于1927年7月,其时宁波刚刚设市,市政府成立还不足一个月,有蔡新民、王斌孙、陈荇荪、张鹤年、周美秀、张瑞之、吴锡炜等数十人致函市政府,呼吁收回白水权。信中提道:

> 河川本属国有,白水权(即码头权)讵能据为私产?吾甬恶习相沿,所谓子母相生者,不过就涨涂而言,亦不能连及白水。况民国以来,官产处成立,子母相生之例,已经明文废止,更何有于白水权。查甬江一带,白水权现尚为私有,尤以江北岸为盛,数一丈之地,每年租赁为轮船码头者,岁至数百金,其授权所自,莫能稽考,大半仍袭子母相生之例,而占得其白水权。亦有少数在官产处,投卖丈涂,因而建筑码头,坐收其利。又查江北岸为通商码头,其白水权为外人占有者(如天主堂及太古洋行等),亦属不少。现在贵政府成立,对于此种白水权,无间华洋,亟宜一律收归,以卫国家之权利。
>
> (选自1927年7月29日《时事公报》)

函中并提出收回白水权具体办法:"应先分别调查,如筑有码头者,宜偿其建筑之费用;如曾在官产局投买者,宜偿其标买时之原价。"他们认为应当"将沿江之白水权,统归贵政府管理,即以其收入之租金,为江北岸建设马路市场。一可收回国家之权利,二可兴办地方之事业,一举两得,无逾于此"。

首任市长罗惠侨对此十分重视,召集同僚拟定《宁波市江河沿岸码头及船舶管理章程》,于1927年9月7日报省,经省政府饬知宁波交涉员分行各国领事。省政府批准后,市政府于1927年10月15日将章程登报公示。决定自11月1日起,将江河沿岸各处,无论已否获得白水权之建筑物,及报领江涂侵占滩地等原有契据,一律于一个月内送交市政府工务局调验,依照章程,分别办理。并提醒滨水土地所有者:如意存观望,逾限不报,即行收为市有,不再偿还费用。

在公布章程的同时，市政府还论述了收回白水权的法律依据，明确白水权之所属，不属私产，应归为公有。但考虑到历史因素，区别不同情况分别处理：原契中如载有"江心为界""潮落为界"等字样，其江岸之建筑，又由海关指定者，即视为获有白水权，照价偿还收回；如无以上字样，其江岸建筑，即由市政府收回管理。轮船公司与业主订立契约，概行取消。

但章程公示后，除了三北公司呈送码头租契底稿外，其他均观望不动。11月24日，市政府又在报纸上发表《催验外侨白水权契约》声明，再次重申如果越期，将照章收回，不再偿价，但仍无效。12月6日，验契期限已满，工务局局长召集江北各轮船公司代表开会，宣布未验者视为默认，所有码头和租户，重新向市政府订立租约，原有业主所订之租约，一律废止。与会者认为收回白水权，事关国家主权，都无异议。但英国领事以"本领事查此项章程，不得公使团核议，由本国驻京钦使训令到署，断不能承认"为由抗议。驻沪法国总领事则以光绪二十五年（1899）二月十二日前宁绍台道的照会摄影一张，作为获得白水权证据而抗议。

12月27日，宁波市政府向省呈报，认为英法领事抗议无理，绝对不能承认。现国民政府成立，不平等条约尚需废止，则本无条约根据之任意侵占的白水权，更应收归。由于事涉外交，市政府呈文后一再催促相关部门交涉，后驻沪江苏特派员答复说这一提案已得到外交部认可，但对其所拟办法，认为还尚欠妥善。于是，市政府又重新修订一份《宁波市暂行租用江河沿岸码头章程》，于1928年3月17日呈报省政府和外交部核实。但上报后似石沉大海，一直不见批复，交涉就此中断。

1931年1月宁波市撤销，城区又归县管，时任县长陈宝麟认为整理岸线为办理港务之首要，白水权为国家所有，而非私人可得，自应继续办理。中断三年多的收回白水权的行动重又启动。1931年12月县政府通知各轮船公司，填报使用岸线长度、向何人承租、每年租金多少等内容，并限年底与原出租人解除租约，次年1月起，一律向县政府承租。当时，各承租人顾虑重重，既怕收不回，得罪天主堂；又怕收回后，政府要增加租费，故多犹豫观望。后经县政府一再解释催促，始行填报。调查结果显示：

天主教堂前道路外无土地摄影(王之祥摄)

岸线大部分被天主堂出租,少数为本国人出租。

掌握底细后,县政府又召集各轮船公司开会,商讨停付租金、转移押租等各项具体解决办法。同时制订《鄞县水岸线租借暂行规则》,上报省建设厅批准。天主堂闻讯后声明反对,并由驻沪法总领事提出抗议,要省政府制止县政府收回白水权。自此,交涉进入了地方政府与天主堂之间大打笔墨官司的论战阶段。

天主堂坚持拥有白水权的主要理由是:一为在原土地契约上载有"白水权""潮落为界"等字样,二为有当时宁绍台道照复税务司之文件。县政府要其出示证据,天主堂仅拿出光绪二十五年(1899)宁绍台道照复浙海关税务司公文的摄影本一件,拿不出其他任何足以证明拥有白水权的证据。

对此,鄞县政府进行了解释和批驳,对天主堂第一条理由中的"白水权",县政府反驳说:按宁波习惯,沿河居民为洗涤及船只上落便利计,往往筑有石磡,随房屋基地买卖而转移。契载四至,其至水一面,注明连沿江浮沉石磡在内,砌驳随意,并无诸般阻碍,以及亲邻诸色人等不得妄言有分等字样。此所谓白水权,只不过为证明私有之屋基到官河,并无其他人产业横阻其间,居住者可以自由开辟门户,上落船舶,不受其他私人阻碍而已。至于水面河底,自古以来都不能占为私有。"天主堂实系误解地方习惯,以为沿岸在未捐作马路以前系彼执管,则沿岸水面也由彼执管。殊不知捐助之后,既不能再有权利,况水面自始即不应为彼执管乎!"关于第一条理由中"潮落为界",县政府说"所谓'潮落为界'者,其意以为沧桑变迁,将来沙涂涨出与己地毗连,即可执子母相生之说据为私有。殊不知沙涂,无论水沙暗沙,已未成熟,向归官有。其毗连业主均依法契载亩分为限,归其管业……并非所有权或永租权之凭证"[1]。所以,无论是"白水权"还是"潮落为界",即使是原契中有此等文字,也是无效的。

对于天主堂第二条理由,县政府认为宁绍台道的答复,只对赵主教让出二英丈作公路一节,予以照准,而对所谓"公路驳岸以外沿河之地,仍应以白水为界,归堂内执管"一节,没有只字提及。"安得以片面之请求,即视为正式之契约",所以不能作为已得认可的凭证。

除了针对性的这两条,县政府还从中国土地法、通商条约等角度进行批驳。根据中国土地法规定:"凡可通行之水道及公共通行之道路,均不得为私有。"本国人民尚不能以此为私人的所有物,则外国侨民当然更不能占此为私有。即使按不平等的通商条约,也只允许外国侨民在通商口岸租地建筑医院、教堂以及居住房屋,并不许购置土地并取得所有权。所以,土地以外的水岸线,更不得作为外侨产业的一部分。

县政府据理驳复之后,将详细情况及经过报省政府转到外交部。后外交部回复省政府说:"沿河地亩之所有人,并无水岸之权利。上海市政府收回沿浦岸线一案,可照此办理。"[2]省政府即根据此意照会驻沪法总

---
[1] 张传保、陈训正、马瀛等编:《鄞县通志·工程志》,宁波出版社2006年版,第276页。
[2] 1933年8月15日《上海宁波日报》。

天主教堂前道路外无土地摄影（王之祥摄）

领事，但法总领事和宁波天主堂仍坚持前议，拒绝收回。省政府又将全案移送外交部交涉办理。与此同时，鄞县政府派人拍摄现场照片寄送外交部，证明原有驳岸以外并无实地，事后又多次催促有关部门尽快交涉。

1933年8月省政府指令："经外交部咨复，已照催法使转饬遵照。"[1] 县政府认为此案已告段落，即编印《收回白水权之根据及经过》在本地报纸及《上海宁波日报》上发表，宣告收回。天主堂见报后也在报上登载《驳鄞县政府收回白水权论点之论点》，对县政府一文进行反驳。教堂认为，其一白水权之取得，系根据于宁绍台道之照会，且系交换而取得，当初赵主教允为让地筑路之条件，为驳岸以外之沿河利益，仍归堂内执管，不得被别人侵占，属有条件让地。若仅为让地，工程局即可接受，何必转请宁绍台道核准。其二驳岸以外沿河之地是指驳岸以外沿河利益即白水权。其三教堂若无权占有白水权亦因和平占有三十年而取得，故不能无偿返还。

---

[1]《宁波文史资料》第九辑，倪维熊《收回宁波天主堂"白水权"的经过》。

1933年天主堂对收回白水权之争辩

县政府随即又在报上发文批驳：

> 天主堂自称赵主教允让者基地，不允让者利益，则自天主教堂亦已自知二英丈以外并无基地，至为明显。乃思辞令之巧辩，单以利益为言，殊不知利益一词，本附丽于主物而生，必有主词，乃可确定，如空言利益，则究何所指？于义既不可定，于法自无所据。原照会所称："……惟所让二英丈之公路驳岸以外沿河之地，仍应照旧以白水为界，归堂内执管，不得被别人侵占利益……"则是归堂内执管者为沿河之地，不得被别人侵占利益者乃沿河之地之利益。盖沿河之地为其主词，稍识文义者当能解之。今天主堂既亦已明了二英丈以外无基地矣，乃硬将利益与土地分而为二，其断章取义可谓到家……

（选自《宁波文史资料》第九辑，倪维熊《收回宁波天主堂"白水权"的经过》）

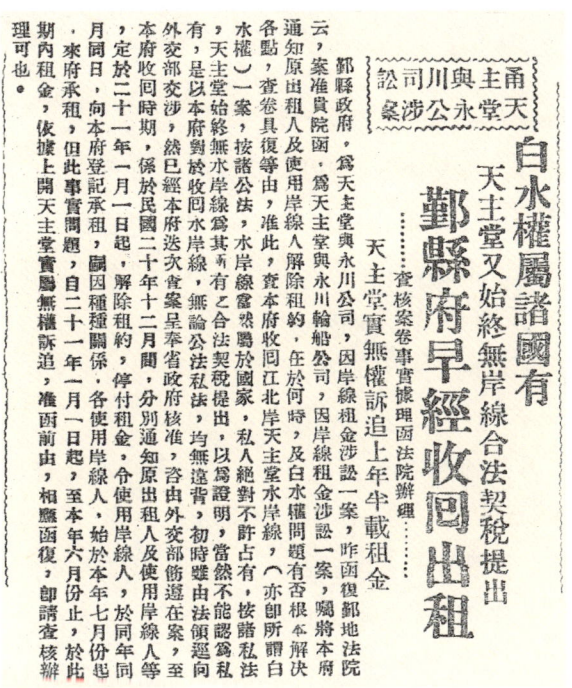

1933年天主堂与永川公司涉讼案报道

县政府文章中心意思即"皮之不存,毛将焉附"。其实,即使教堂仍执有沿河之地,也只有土地权利,没有水面权利。

一番唇枪舌剑后,论战双方到此基本结束,但争议并未终结,部分船公司也仍持观望态度。县政府方面,于1934年7月9日派员对未缴岸线租的商轮公司,扣留船只,以作甘心媚外者戒,于是各船公司都向县政府订约缴租。天主堂方面,依然不服气,转而追究船公司:1933年11月,天主堂与永川公司打官司,诉追租金;1934年12月,天主堂又多次刊登启事,通告外滩各商轮公司照约付租,强调"敝堂前以合法取得之岸线权,在交涉未解决前旧约仍继续有效";1935年1月,天主堂还以"永川第一第二码头欠租已久,收回另租"为由,登报招租码头。但由于县政府的各项举措起到了釜底抽薪的作用,天主堂的活动,也起不到实际效果。据说鄞县政府与天主堂曾有过私下协商,通过士绅乐葆亭提出愿以3万元为代价收回沿岸水权,但被天主堂方面拒绝。

《陈宝麟主政鄞县》一文有如下描述:"陈宝麟召教堂神父先诘以'白

水权'名缘何处,要求提供证件。神父语塞,无以对答。陈进而严正指斥:'既无条例契约,何能以口辞为凭,本府以水岸线权应为国家所有,非私人可得而占有。今我府正图改善市容,而友邦人士不惟不思助成,反多纠缠,何不明事理一至于此。'神父哑然,悻悻而归。"

附《鄞县通志·工程志》所载前宁绍台道照复(海)关税务司原文:

为照复事,本年二月初四日准贵税务司照会开,照得新江桥堍一带地方,内有天主教堂之产,工程局原拟于该处开通公路,筑造驳岸,以便行旅。商之赵主教谓沿河各地以白水为界,均归堂内管业,兹愿将沿河一带基地让出二英丈,拨助工程局开作公路,以维善举。惟所让出二英丈之公路驳岸以外沿河之地,仍应照旧以白水为界,归堂内执管,不得被别人侵占等情。按赵主教让地开路,似此急公好义颇堪嘉尚。所称公路驳岸以外之沿河利益照旧归堂内自主,尚在人情物理之中,似宜照准。为此据情照请照准惠复,以便转达赵主教可也等因。准此。查江桥堍一带地方内有天主堂之产,工程局原拟于该处开通公路,筑造驳岸,以便行旅。既经贵税务司商之赵主教允为拨让,本道自应照准,相应照复。为此照会贵税务司,请烦查照施行,须至照会者。

光绪二十五年二月十二日

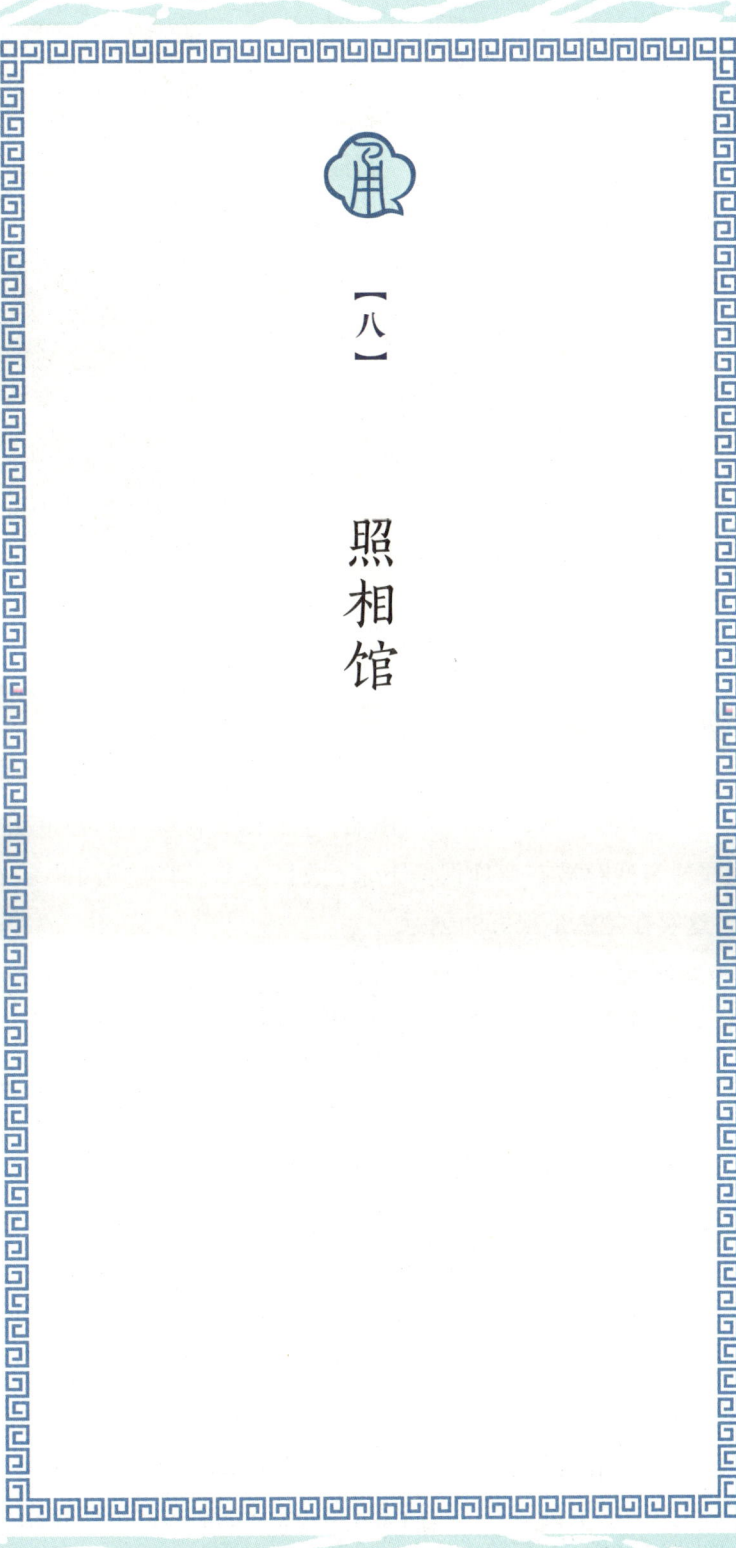

【八】

照相馆

江北华英照相馆旧影（谭金土提供）

天主教堂大门北侧，有一小块被称为废墟公园的绿地，绿地中矗立着几堵断壁残垣，有中式山墙，也有西式楼壁。1992年外滩改造时，这些建筑残存被有意地保留下来，数量不多，外滩却因此多了些历史气息，这实在是一个很好的创意。

翠竹掩映中的残垣，有一堵墙比较引人注目，它有点像澳门大三巴牌坊，兀然耸立。这是一堵商店门面墙，墙体通透，有六眼门框，两道护栏，二楼尚有十一根墙柱，五方六圆，柱端塑有科林斯风格花饰。根据立面结构判断，此墙只保留了四分之三。残墙中留有不少文字，这些文字结合文史资料可以判定，残墙北侧三分之一原先是振新袜厂门市部，南侧三分之二是新华英照相公司；在南侧墙体上，仍可依稀辨认出"泰西各国灵药""照相原质材料"以及"新华英照相公司"等字迹。

新华英照相馆是家老牌照相馆，创设于清宣统年间（1909—1911），而这幢洋楼则建成于1929年。洋楼墙体上残留的文字告诉我们，"新华英"是一爿集照相与售药于一体的门店，楼下用作药房，楼上作为照相馆。早期的照相馆大多如此，或兼营镶牙，或兼卖西药，中山公园前的"中华"、东渡门内的"华英"、东大街上的"安禄"等，都属此类照相馆。新华英照

江北华英照相馆 1915 年旧影（谭金土提供）

相馆在 1929 年前也称"华英"，大概是此楼盖成后才改称"新华英"。江北岸的"华英"与东渡门的"华英"，从其发布的广告上看，前者以照相为主，后者以售药为主，二者是否有关联，有待考证。

　　宁波自 1844 年再度开埠成为通商口岸后，洋人接踵而至，带来了发明不久、当时可以称之为最新科技的摄影器材，在宁波各地拍了不少照片，使宁波有幸成为拥有最早一批历史旧影的城市之一。但照相作为一种行业，在宁波城区发轫似乎并不早，与上海 1858 年前后华人开设公泰照相馆相比，要晚 30 年左右。

　　目前发现宁波最早的照相馆广告，刊登在 1899 年 8 月的《德商甬报》上："新法照相开设在浙宁东渡门内华英大药房后进，主人不惜工本，购办上等快镜，精选道地药料，仿近来泰西各国光学名家照相新法，堪谓尽美尽善，无论本色着色，皆能经久不变，至若放大缩小，尤属别出心裁，所以得蒙群贤雅赏，时至梅花才见比众不同，惟祈怜形高士修貌美人，请移玉试之，如何光景也。华英谨识。"同年 1 月，这家华英药房已在本地销

孙中山先生像，鸿仪照相馆摄（来自《宁波旧影》）

售照相器具。遗憾的是，没有更早的旧报资料，让我们得以追溯宁波照相馆的历史。

据民国工商登记资料，创立于清光绪年间（1875—1908），位于江北岸外滩的鸿仪照相馆，可能是宁波城区最早的照相馆。鸿仪照相馆在1922年的广告中也自称：甬埠照相自本馆始创，至今已30余载。按此推算，"鸿仪"创设于1890年前后，比东渡门内的"华英"早了约10年。而且，鸿仪照相馆的李老板一直将"老"字作为卖点，直到1931年，用作宣传的广告依然是"老诚人做事实事求是，老鸿仪照相精益求精"。这位"老诚人"过于老实，只晓得倚老卖老，居然没想到利用给孙中山先生拍过照片一事炒作一番，造造声势，兜兜生意。鸿仪照相馆位于新江桥路底、中马路口，大约在今新江桥北堍中段位置。另外还有一家据说名为"同昌"的照相馆，在1890年3月至1891年11月期间，拍了一张宁波外滩全景，画面从三江口一直延伸到英国领事馆，由十张照片拼接而成，现藏于美国盖蒂图片社。如果"同昌"确实是宁波当地的照相馆，那它就有可能比"鸿仪"还要早。遗憾的是，宁波至今还找不到关于同昌照相馆资料的蛛丝马迹。

最早的照相馆在外滩，最牛的照相馆也在外滩。民国期间，执宁波照相业牛耳的，非天胜照相馆莫属。该照相馆于1925年8月20日正式开业。虽为后起之秀，其广告词却宣称"独霸甬江，照相权威""天胜照相，宁波第一"，霸气冲天！坊间传说"天胜"老板裘珠如尚未投身照相业时，与一家照相馆斗气，才在外马路12号开了这爿照相馆。天胜照相馆开业时，借座当时宁波最高档的西餐馆"普天春"宴请各界，八十余人赴席，席间刀叉交错，一片欢声笑语。

裘珠如又名裘珊，慈溪裘墅（今江北区洪塘街道裘市村）人，据说其父在上海开设裘大宝银楼，家境富裕，资产雄厚。凭借充裕的资金，天胜照相馆配备了先进的摄影设备，光镜头就配有美国柯达摇头长镜、新式光甬镜、格莱佛力克司镜、德国七寸径口镜、绞子镜等，以满足不同拍摄要求。各种软片、灯片和干片选用美商柯达公司和德商矮克发公司优质材料。"天胜"用高薪从上海、广东等地雇来技师摄影，请上海新舞台布景主任张聿光绘制闺房、花园、皇宫、月夜、楼台以及西湖名胜等布景。照相馆起先名为照相公司，内设玻璃棚、招待室、样子间、景装部、照相部、经售部等六部。在开业前两个月尚处筹备期时，"天胜"就展开了声势浩大的广告宣传，先声夺人！开业之初，气势就盖过了宁波其他的照相馆。

被其他照相馆影射为"大吹大擂、虚无其实的初出茅庐后生小子"裘珊，确有经商才识，开业后他十分注重企业形象和服务质量，规定员工必须着西装；营业时要佩戴服务证；接待顾客态度必须热情礼貌，和蔼可亲；若与顾客发生口角，轻则批评，重则开除；关键岗位均由技术熟练的师傅负责，学徒只能做辅助工作；拍摄、修底、冲晒、漂洗各个环节都要严把质量关，照片发出前，要经过检查，达到美观、大方、清晰的标准方可出店。学生拍照，相馆负责将照片免费送到学校。"天胜"的营业电话分别选2、777、888号，易于顾客记忆，营业时间从上午8时到晚上9时，长达13个小时。据说"天胜"还有项承诺：顾客若对照片不满意，可免费重拍，直到满意为止。

裘珊还具有商战胆略，勇于竞争，"容华阁"老板在中山公园外开"中华"照相店，他就在公园内开"珊珊"照相店；徐大椿在中山西路5号开"绿

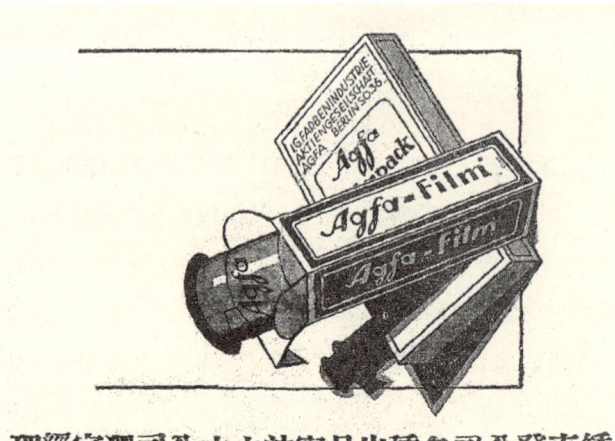
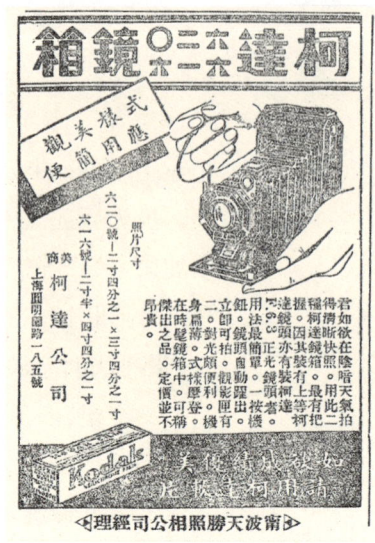

1930 年天胜照相公司广告　　　　1935 年天胜照相公司广告

宝"照相店,他就在"绿宝"的对面中山西路 2 号开"大同"照相店。裘珊还十分注重广告宣传,"天胜"的报纸广告图文并茂,其版面之大、频度之高,常常超过其他照相馆。"天胜"很早就推出艺术照,当别的照相馆还在标榜"时间快,图像真"时,"天胜"已在讲究"灯光美,姿态妙"了。据说"天胜"员工的工资报酬,要比一般同行高出 50% 左右,年终视效益还能增发一到两个月的工资。位于江北岸引仙桥下钱家花园内的圆明照相馆,曾一度与"天胜"竞争,广告幅面做得比"天胜"大,"天胜"马上反击,幅面做得比"圆明"更大;"圆明"推出外出摄影,"天胜"也随之推出,并实行打折优惠。后来"圆明"利用地处钱家花园的优势,推出实景拍摄,"天胜"这才作罢。

"天胜"不但在照相拍摄业务上独占鳌头,还控制了当时照相所需原料经营业务,重要产品如矮克发公司、柯达公司的产品由其独家经销,"天胜"所设照相材料行,品种齐全,当时不仅宁波地区的照相馆大都向其进货,连远在市外的金华,以及省外的江西、湖南等地照相馆,也有客户向其购买材料。"天胜"还将拍照业务触角伸到外地,普陀山香客游客最旺的两个月,"天胜"在普济寺前设临时分公司,满足各地游客照相留念之需。

由于服务周到，照片质量好，久而久之，"天胜"有了口碑，顾客盈门，生意兴隆，成了本地照相业中的翘楚，当初的"后生小子"裘珊也被推举为宁波照相业同业公会理事长，一个时期江北岸重大社会活动中常常出现他的身影。裘珊在事业兴旺时期，除了"天胜""珊珊""大同"照相馆及照相材料行，还与人合资或独资开办了民光电影院、甬江大戏院、明星大戏院、裘卫生堂、活佛素菜馆以及天胜印刷公司。

抗战时期，裘珊远离宁波赴重庆，职工解散失业，有的自开小店，有的摆摊度日，照相馆被日本人占用。抗战胜利后，裘珊返回宁波，重操旧业。1948年，裘珊遇到人生中重大波折。4月12日《申报》报道："昨夜半，居住市区江北岸之天胜照相材料行暨活佛素菜馆主裘珊，十时许由民光戏院驾自备汽车返家，抵门时，突有预伏弄口之匪徒五人，各持短枪，将裘挟住。裘妻闻声开门，亦为匪监视，勒去金饰后，即将裘绑向慈溪县境遁逸，临行声言须备金条十条往赎，否则将有不利。事后裘妻报请治安机关严缉中。"绑匪自称来自余姚四明山三五支队，后有资料显示，这伙绑匪来自奉化宁海方向，为首的是绰号叫"小雄鸡"的悍匪。裘珊被土匪绑架长达53天，其间，其妻为营救他而四处奔走，后因富亲阔友不肯相帮，活佛素菜馆招盘不成，凑不足十根金条，感到人情淡薄、救夫无望而服毒，幸被及时抢救。在裘妻服毒后第四天，裘珊终于脱险，重获自由。由于此案扑朔迷离，社会上对裘珊是赎出、救出还是逃出，议论纷纷。

裘珊脱险新闻图片

裘珊脱险后，将民光电影院等推并他人，并登报声明辞去照相业同业公会理事长兼理事各职，仅留下天胜照相材料行和活佛素菜馆，不到三个月又将活佛素菜馆闭歇。1949年9月，国民党飞机轰炸宁波，天胜照相材料行着火，被迫停业，部分职工遣散。次月，"天胜"搬至开明街349号原民国照相馆址临时营业，经营照相材料维持门面。而频受打击的裘珊无意再在本地经营，离开宁波，去了上海、杭州等地。1952年7月，天胜照相馆迁到中山东路108号恢复营业，此后"天胜"继续发展，成为宁波老字号。

清末民国期间，宁波城区照相馆，大大小小有案可稽的累计近60家，仅1942年照相业同业公会会员就有35家。这些照相馆大多数集聚在外滩、中山路、中山公园以及邑庙开明街一带。外滩及附近的照相馆，除了上面提到过的"新华英""鸿仪""天胜"和"圆明"之外，还有"明星""镜华""淦记"等。明星照相馆位于新江桥东侧临江，镜华照相馆在同兴街（今中马路），淦记照相馆位于洋船弄口（今扬善路）四明大药房楼上。

20世纪，相机还是奢侈品，国人使用相机的更是凤毛麟角。宁波这些领风气之先的照相馆，为千家万户留下了珍贵的记录，使得生活在当下的人们能够从遗存下来的老照片中真切地感受到历史的丰富多彩。

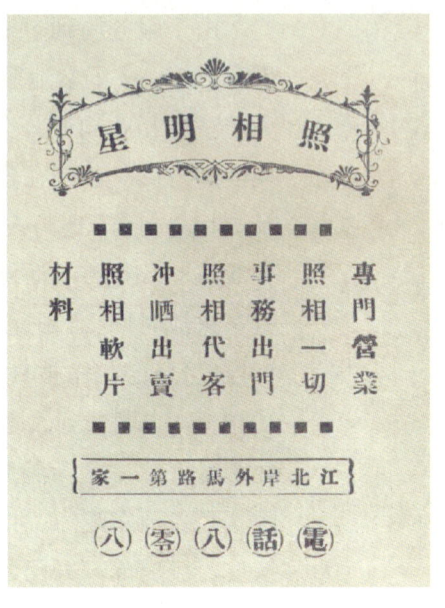

明星照相馆广告（阮建根提供）

【九】

银 行

中国通商银行宁波分行

从遗址公园东行数十米到甬江边，一"品"字形洋楼面江而立。洋楼有六层高，在当今高楼林立的宁波，只能算个"小不点"，毫不起眼，但在它建成的年代，那可是凤毛麟角，据说它曾经是宁波第一高楼，并独领风骚数十年。从高大的门厅拾级而上，进入大厅，依然可见当年豪华、气派的装修。这幢建筑最初的身份是中国通商银行宁波分行，中途几经变化，现今是宁波工商银行通商财富中心。

宁波通商银行建成于1936年初，奇怪的是，建成后并没有立即投入使用，直到五个月后的6月27日，大厦才举行落成典礼。典礼十分隆重，按《时事公报》报道："黎明四时，鸣炮升旗，董事长杜月笙，董事傅筱庵、徐圣禅相偕莅止，杭州周市长暨海上名流王晓籁、乐振葆、金廷荪、张继光、俞佐庭、簟延芳、项仲儒、竺梅先诸君，及当地绅商各界，咸往道贺。车水马龙，极一时之盛。"而在这同一日，来宾中上海大亨金廷荪在镇明路的新屋（现镇明路404号老干部活动中心）也举行了落成庆贺。六月的宁波，虽是昼长夜短时节，但黎明四时，天空顶多也才微微露白，典礼举行得这么早，时间又安排得如此紧凑，是因为这些政要名流，马上又要去参加一场更为隆重热烈的庆典，那是宁波历史上千年一遇、万人空巷的典

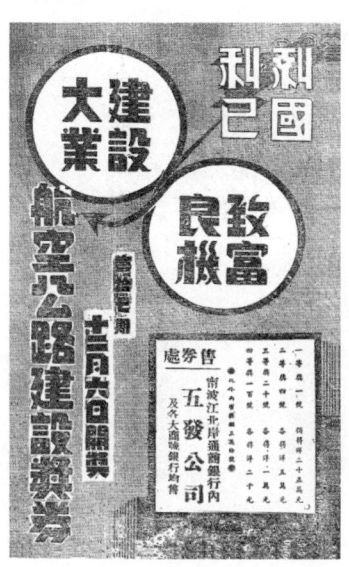

1935年通商银行内销售航空公路建设奖券广告

礼——宁波灵桥通桥大典。

沉浸在通桥大典喜悦和兴奋中的宁波人,注意力集中在横空出世的灵桥上,自然就漠视了外滩边的这幢新厦,以至于后人竟搞不清楚此楼建成于何年,甚至连一些相关部门也误认为此楼建于1930年。其实,1930年时通商银行还在宁绍商轮公司隔壁营业,距新厦约五十米。

通商银行是中国人自办的第一家银行,由督办全国铁路事务大臣盛宣怀奏准清廷后,在光绪二十三年(1897)四月二十六日成立,总行在上海,次年在宁波设兑换处。宁波商人叶澄衷、严信厚、朱葆三等是该行的创办人与大股东,银行所筹商股大多出自甬籍钱业资本。通商银行名为商办,规定"权归总董,利归股商",但因系奉旨设立,董事人数又多,大权其实由盛宣怀一人独揽。

通商银行宁波分行设立于1921年,是上海之外第一家分行,其他分行迟至1932年后才设。1936年宁波分行迁入新厦时,苏州、汉口、南京、厦门已设有分行,定海设有支行。而在杭州、无锡、与南通、岱山一样,只设了办事处。宁波分行设立后业务以发行钞券为主,内设两部,商业部专营收解汇兑存放暨各种银行业务;储蓄部则办理活期、定期各种储蓄存款,1936

中国银行宁波分行广告

年10月,还开始从事保管库保管箱业务。通商银行来头不小,业绩却平平,据说到1930年时,经营业绩还不如宁波钱业中一家小同行。

宁波的金融业,在钱庄时代,重心一直在江厦,据《鄞县县政统计特刊》(第二集)资料,当时宁波161家钱庄,有98家设在江厦,约占61%。但银行出现以后,金融重心开始向江北岸外滩转移。除了前面所说的通商银行,外滩沿江还出现过浙江地方银行、四明银行、中国银行、中央银行以及大清银行等等。除了银行,外滩还有涌丰、慎生、信余、万通、福利、万源仁记、乾康茂记等钱庄。当时银行与钱庄关系密切,有的银行董事同时也是钱庄股东,如俞佐庭既是四明银行常董,又是宁波仁和、镇泰、五源、泰源钱庄的股东。钱庄与银行发挥各自长处,相互利用,各得其所。依当时银行法,银行分为商业银行、实业银业、储蓄银行、信托公司和钱庄五种,钱庄资本如符合银行最低资本额,可以改称银行。

通商银行地址是外马路23号,隔壁22号即是浙江地方银行宁波分行,其总行的前身系1908年设立的浙江官银号,属官商合办,1914年3月至1915年6月也曾在外滩设过分号,但那时的行址并不在此。1933年9月30日宁波分行开业,该行主要经营浙江省的各种公债及还本付息

中国银行宁波分行（中间建筑）（来自市档案局）

业务，收缴地方税款。银行三层楼房为天主堂所有。

沿外马路向北，在原东亚饭店隔壁，是中国银行宁波分行，这家银行成立于1914年5月11日，系由大清银行改组而成，1933年才迁到外马路41号新楼（不同时期也标39号、42号）。中国银行新楼是幢五开间三层洋房，通体赭红色，外观方方正正，显得稳重端庄正立面屋顶饰有两翘角。中国银行与余姚人有缘，余姚人宋汉章长期在总行担任要职，银行的名称据说也是余姚人孙铁卿所取，孙认为："大清朝者，朝名也，朝有兴废；中国者，国名也，国无变更。今既为中国官商合股之银行，宜以名中国两字。"众人都深以为然，名遂定之。

外滩众多银行中，四明银行最具本土特色，银行以宁波别称"四明"名之，由宁波书法名家唐驼题写行名，纸币上有四明山图案，发起者都是宁波老乡，成立初衷是为"宁波帮"服务。据说，四明银行的总经理和常董们还有一条不成文的规定：要进四明银行，必须是宁波人。

四明银行开办于1908年9月11日。旅沪的几位镇海绅商，看到盛宣怀办了通商银行，也想筹办银行，于是找在上海滩已崭露头角的同乡虞洽卿商量，虞又找盛宣怀，通过这条路子，获得清廷批准，还取得了钞票发

1933年四明银行宁波分行广告

行权。参与发起的有周晋镳、朱葆三、李翌燕、吴传基、李云书、李厚垣、方舜年、严义彬、叶璋、陈薰、虞洽卿、袁鎏等12人，一帮宁波老乡推举周晋镳为总董，陈薰为总经理，虞洽卿为协理；朱葆三、李厚垣、李云书、严义彬等为董事。宁波人自己的银行就这样开办起来了。

  上海总行成立次年，四明银行即在宁波设立分行，最初设在鼓楼前税署对面，1923年迁到外滩外马路53号，位于过去招商局南侧（约在现今美术馆南起1/3位置）。当初的四明银行是座石库大门三层楼房，系孙衡甫主掌"四明"时所建。此时四明银行正处于兴旺时期，营业大厅宽敞气派，上悬豪华吊灯，下铺"蜡克"地板，正中设一排长沙发，供客户休息。大厅两边办公区用雕花黄铜栏杆分隔，光亮夺目，每星期有专人擦灰抛光。四明银行外表虽没通商银行气派，但内部装修在当时宁波各大银行中首屈一指。[1] 迁入新址时，《申报》作了报道：

  甬埠四明银行自上海分设以来，历有年所，今因营业发达，旧屋

---

[1] "白六爷"的博客《七十年前的四明银行见闻》。

不敷设施,在江北岸江天码头自置新屋一所,范围广大,布置奂然,五月三十日业已迁居。该总行总理孙衡甫君,先日由申来甬,来宾政界如王镇守使、黄道尹、姜知事、林警厅长并各局长,绅商界如王海帆、盛省传、陈南琴、余润泉、张天锡诸君,又上海银行公会会长盛竹书君代表全体,专诚来甬,以及申商如曹振声、周仰山、刘渔门、陈学坚诸君,不下百余人。该行特备西式茶点,招待周到,颇极一时之盛,并闻各埠均有来电道贺。

宁波四明银行设立次年即遇到重大危机,1910年,上海爆发橡皮股票风潮,严信厚、严义彬父子在沪开设的源丰润、源通等庄号相继倒闭。严家在宁波设有源丰银号,充当海关官银号长达27年,影响极大,是严家财富的象征,而严义彬又是四明银行董事,因此官府一纸关防,立即引发宁波四明银行挤兑,进而波及沪行。旅沪甬绅陆廷黻等就此写信给宁绍台道台,信中说:

> 严氏破产,亏欠公款,乡人同声慨叹,夫复何言。本埠四明分银行系公司性质,与严氏毫不相涉。乃本月初八晨,该分银行猝见墙上粘贴宪台关防,条示内开"此项源丰官银号房产归浙海关收管"等语,于是商民谣传,以为是项两字系指款项而言,遂纷纷到行提取储蓄存款,幸该分行平日素有预备,得免倾倒。不料在沪商民误会,佥称甬行被封,因而上海总银行同时受挤,争取储蓄,值此金融窒滞,每日支付至一二十万,尚若不敷,危险情形,已达极点。旅沪同乡大怪在籍绅商膜视分行受此无辜之累,掣动甬市大局,波及沪行,纷来责备。弟等查询当日情形,始知其时适值总理顾绅前赴金陵考览会务,当由分行书记面向吴委员鎏声明不能贴示致有恐慌缘由。吴委员悍然不顾,声称奉有道谕,如欲启示,应请府尊做主。该书记即往府署面请府示,府尊允饬委员揭去条示。而吴委员仍未照行,仅由该分行揭存条示一纸。至初八夜半始有官役提灯揭示,而大错已成,无可

挽救。是此次该分行风潮统由吴委员一手酿成，况值宪台公出期内，即有电谕，似应慎重将事，风闻电谕仅系□□两字，不能作为正式命令。乃吴委员任意妄行，致使分行储蓄一空，名誉扫地，势难再复，谁执其咎？且该分行颇为旅甬洋人所信，洋商教会储蓄存款，多至数十户，今亦风闻支取。并经询及官场如何维持，该执事等几无词以对。素仰大公祖体恤商情，有加无已，当此市面困难，无不竭力维持，今分行遭此损失，总行亦被摇动，而甬市复饱受惊慌。江北岸虽华洋杂处，向来尚称相安，若令操切从事之员置身其间，设为外人讥笑，何以彰宪威而孚舆论？应如何办理之处，大公祖自有权衡，无待某等觏缕也。兹总理顾绅回行，拟报告大众，开会决议合并附闻。

　　再启者：今年上海市面恐慌，甬市尚称安静，因由商界诸君，互相联络扶助，幸免于事，亦赖地方贤长官实力维持，为商民所信服。惟是商市萧条，米贵食艰，入秋以来，贫民难以度日，乃因严氏破产，倾动全市，昼夜不安，人心更觉惶惧。其实此次风潮，与甬市无甚干涉，即有藩关公款，尽可从容清理。若因严氏一家，牵涉合伙合股营业，并牵涉渺不相关之四明银行及各庄号，甚且牵涉江北岸鼎新街赁房租户，揆之事理，似欠正当。弟等以甬市全局为重，值此九月底期票周转之际，设有停滞危险，何堪设想。事机紧迫，据实具陈，惟希查核办理，大局幸甚！商民幸甚！

（选自1910年10月16日《申报》）

　　宁波四明银行的这次挤兑风波，最终靠"障眼法"得以化解：即从前门抬进大银箱，把箱内几千银圆往营业大厅中一倒，由十几个敲银圆能手边敲银圆边装箱，一旁的经理看银箱装满则喝令此箱进库，再抬一箱，其实前门抬进的大银箱即是此前从后门抬出的，几只银箱循环往复。柜台外手执存款单前来兑银的老头老太太，看到银行有这么多的银圆，便放下心来，打消了提款念头。后来孙衡甫掌管四明银行时，宁波还曾流传过这样的说法："别的钱庄、银行会倒闭，四明银行不会倒，孙衡甫在半浦的大

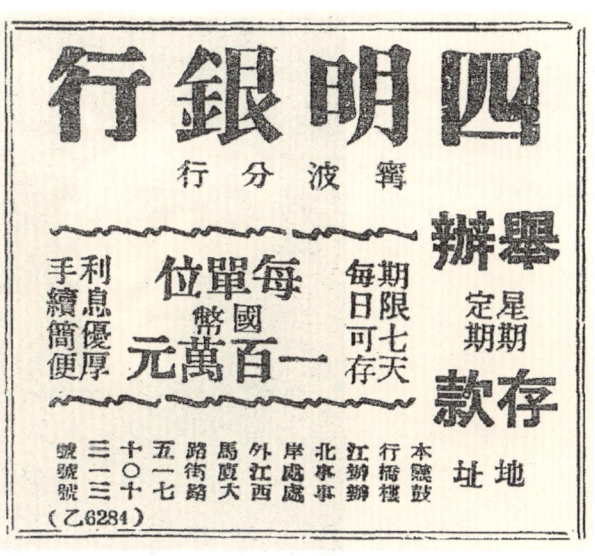

1948年四明银行宁波分行广告

房子都好好的,到半浦也能讨得回存款。"

但上海四明银行就没了这等好运,1911年该行股票大跌发生挤兑时,董事会招架不住,只得请时任浙江兴业银行上海分行经理孙衡甫垫款接办。孙在四明银行资金周转失灵,股票贱卖之时,早已大量收购其股票,此时就趁机盘进,以大股东身份出任四明银行董事长兼总经理。

孙衡甫,字遵法,慈溪半浦(今江北)人,钱庄伙计出身,坊间传闻他能掐会算,颇有心计。孙执掌四明银行后,非常重视发行货币、吸纳存款和储蓄。为增加货币发行量,他别出心裁,在其发行钞票背面印上自己的英文签字,还增设同业领券业务。为吸纳工商企业存款,他配备一批"跑街"四处兜揽。在储蓄存款上更是用尽心计,如创办四明储蓄会,用零存整付、整存零付、整存整付、存本付息、学费储蓄、婚嫁储金、礼券等各种方式吸纳储蓄。通过这一系列举措,"四明"的存款储蓄额连年上升。

宁波四明银行的储蓄业务还有一项特别而又重要的来源,那就是宁波在外地经商、谋生的人很多,汇到或带到宁波赡养父母、扶养妻子、抚养儿女的钱也特别多,旧时宁波有"小白菜,嫩艾艾,丈夫出门到上海,十元十元带进来"的谚语。这种钱宁波人俗称为"烟囱款"。寄给老人的钱,节

孙衡甫像（来自《重建灵桥纪念册》）

俭的老人大多舍不得花就存进银行，存期越长利率越高，一存就是一二十年定期。浙海关对此也有报告："每年有大量乘客携带大量钱款进来，远比他们通过同一渠道带出去的多，因为这些乘客大部分是到海外谋事的宁波人，他们间隔一段时间会带着积蓄回家，然后再离开。当地民信局同样也不断地收到在外地找到工作的宁波人给家里寄来的小额汇款。"

大量的存款使得孙衡甫能灵活利用这些资金投资房地产和放款业务。当时上海，地价一日三涨，利用四明银行资金实力，孙衡甫把资金大量投入到房地产中。即购进地产，随后抵押给银行，借银行的钱，再去买房子，买好房子又抵押给银行。如此反复，像滚雪球一样，财产越滚越多。老上海石库门弄堂的房子，不少属四明银行所有，有的还冠以"四明"之名，在静安、卢湾两区，有三条弄堂都叫"四明弄"，在淮海中路上有"四明里"，在愚园路有"四明别墅"，这些房产总计几百幢，四明银行设房产部，专管这些物业。

此时四明银行左右逢源，如日中天，巅峰期银行存款最多时达4000万元，成为当时全国著名的商办银行。但成也萧何败也萧何，四明银行依靠发行钞票快速做大，钞票发行过度，也促使它走向末路。20世纪30年

大清、中华、中国、中央银行旧址，2014年摄

代中期，因美国高价收购白银，造成中国白银大量外流，形成"白银风潮"，孙衡甫在"白银风潮"前栽了大跟头。由于发行钞票过量，准备金不足，且准备金缺少现款，多为抵押契据和公债，其中很多抵押品难以兑现，所投房地产资金也造成呆滞，四明银行周转失灵。而国民政府正想借机实施兼并，进行垄断，就利用发钞银行的弱点，大量收购其钞票。1935年四明银行发生挤兑时，要求其一下子兑现银圆，迫使孙衡甫就范，使官股占了四明银行全部股份的95%以上，然后实施币制改革，剥夺私人资本银行的钞票发行权。孙衡甫被迫辞职。

由四明银行沿江北行不到五百米，有幢现今标注为"英商洋行"的洋楼，但史料显示，此幢洋楼在很长的时期里由美国商人使用，1911年以后，又曾经先后开办过多家银行。最初是设立于1911年2月的大清银行宁波分号，它是为替代严家倒闭的源丰银号而设立的，受道台委派代征海关税。分号昙花一现，设立不到一年就爆发辛亥革命，1911年11月变成中华银行宁波分行，经理人为赵家荪，1914年5月又改为中国银行宁波分行。中国银行搬到外马路41号后，这里又成了中央银行经营场所。1914年民国地图标注显示：此处也曾是浙江地方银行所在，这家银行或许曾先后与中华银行、中国银行在同一幢楼内经营。

中央银行是银行中的银行，其宁波分行成立于1933年4月，地址为外马路72号（不同时期曾标为67号、70号）。中央银行1942年起独占货币发行权，在国民党政权逃离大陆前，搜刮了大量民脂民膏。当时报载：中央银行宁波分行1949年3月24日发行1千元面值金圆券，4月18日发行5万元面值金圆券，5月14日竟发行面值为50万元的金圆券。宁波分行于1949年5月18日匆匆迁往定海。

【十】

巡捕房

位于逊昌洋行对面的老巡捕房（左侧平房），1890—1891年间摄（来自《丹青与快门：早期中国摄影》）

  由通商银行返回中马路，北行约60米，西侧临街有幢三开间三层楼房，据说过去是江北岸巡捕房。这巡捕房很普通，楼房正立面第二层一排卷涡形悬挑梁长露台，墙面饰有科林斯式假柱头，与一般楼房并无二致。若要说特别之处，那就是南北山墙中，有十几个内外贯通的"十"字形孔洞。这些孔洞起何作用？也许没有人能说得明白了。

  关于巡捕房旧址，其实甚为扑朔迷离，史料可查到的，涉及江北岸巡捕房或巡警局、公安局的共有五处，除了中马路59号这幢已挂牌的"巡捕房"，还有一处在草马路宁波农业机械厂对面，三处在外马路。外马路上的，一在原太古码头（今城展馆东）附近，一在今邮政局旧址南，一在今"朱宅"北。

  五处中有直接史料证据的只有后两处：邮政局旧址之南处有旧影、旧报为证：旧影英文标注为"policestation"，旧报中有逊昌洋行在"老巡捕房对门"内容（逊昌弄在此附近）。"朱宅"之北处有旧影、老地图及志书为证：旧影背面有日文标注"警察署"；1914年地图上此处标注为"巡警总局",1936年地图上标注为"公安第四分局";《鄞县通志》称"公安第四分局旧为江北岸巡捕房"。所以这两处"巡捕房"旧址比较可信。如果江北岸巡捕房只搬了一次"家",且没有"分号",那现今挂牌"巡捕房"的真实性就值得怀疑了。

关于巡捕的始设时间,《鄞县通志·政教志》载:"道光末年(1850)……由宁绍台道拨绿营兵勇八名,改称巡捕,驻江北岸,委英人哥林监带,受税务司节制。"但这一说法难以令人信服,其中最大的问题是:宁波新关1861年才设立,首任税务司于当年5月才到任,巡捕既然受税务司节制,那就不可能早于1861年出现。

我们还是到其他史料中去寻找线索:

1861年12月5日,距太平军允约暂不攻占宁波府城只剩下4天时间,为维护江北岸外侨聚居地的社会治安,保障侨民的生命和财产安全,英法美三国驻宁波代表经过磋商,决定采取紧急措施:从英法两国军舰上调派士兵组成特遣队,由美国领事配备一支欧洲人武装部队,共同占用江北岸扬善亭的小庙宇,将其作为警卫所。英法两国士兵夜间巡逻,美国的部队更多地带有市警察局的性质,通宵值勤。紧急措施共有五项内容,但没有一项涉及"巡捕"。

太平军退出浙江后,宁波社会治安依然很乱,《鄞县通志·食货志》记载:"各路撤散之游勇洋兵及海外无业流氓,每附海舶往来宁沪两处,甚至中外勾结,辄敢在外江内河同劫商旅。"同治四年(1865)正月,"江北岸上下白沙等处,查有各国黑鬼流氓,形同乞丐,潜居冷庙破船,或十数人一处,或数十人一处。诘其来历,言语不通,殊非良善之类"。于是,宁绍台道台与英法美三国领事以及新关税务司一起,商量如何驱逐这些外国流氓。领事与税务司都认为:"此种流氓,多系别国下户,并无该馆领事驻宁,不遵伊等约束,禁之不听,驱之复来,恐非中国兵勇所能捕尽,必须添派外国巡捕弁兵,严密巡逻制之。不敢滋事,使之无所希图,庶几不逐自去。"此时出现了"巡捕洋兵""外国巡捕弁兵"等提法,与之对应的是"练勇""中国兵勇",仍未出现所谓绿营兵勇改称的"巡捕"。

华生像，19 世纪 70 年代摄（来自包腊相册）

  驱禁外国流氓，中国兵勇没有能力，外国巡捕弁兵才能胜任。但此时各国领事不想白干，便向道台"绷袋口"说，添派"各国巡捕弁兵"每月需开支一千元，至少需七百元。以前太平军攻占宁波时，这笔费用出自"居民洋行醵金捐助"及房租津贴，现在捐款不足四百元，需宁波捐局贴补三百元。道台报经浙抚批准后，同意领事要求，每月补洋三百元，请领事添派外国巡捕，以防外国游民勾结劫抢，扰累商人。过了两年多，领事又以洋商生意清淡，纷纷关闭歇业，捐不到巡费为由，欲将巡捕停止。道台只得将补助经费提高到每月五百元，并减少外国巡捕人数，另派卫安勇十名，常驻巡捕房帮办。另外，还设一文一武两委员，武则统队，由葛参将充当；文则管饷，由林税务司担任。此时的巡捕房由 1 名总巡、4 名散捕、10 名卫安勇组成。从此，原本打算"一俟流氓散尽，再行酌撤"的临时举措，不但没有撤销，反而还增加人员、经费，并制定章程，发展成了常设机构。

  由此可见，江北岸巡捕应"萌发"于 1861 年，当时英法特遣队和美国领事配备的武装部队是"巡捕"前身；重现于 1865 年，在 1867 年道台与

葛格(库克)像,1878—1880年间摄(来自杜德维相册)

英法领事的往来公文以及巡捕房章程中,都将两年前添派外国巡捕之举称为"复设外国巡捕""复设巡捕",至1867年才正式有卫安勇常驻。这些卫安勇起先类似于"协警",后来就逐步演变成为"华捕"。

1880年8月1日,道台以参将葛格训练事繁不能兼顾为由停止其兼管,并裁撤总巡捕哥林,巡捕房由道台自己掌管,道台原打算由一"职分较小之中国官员接办",后委用华生为督捕。10月又以1867年所拟章程,今昔情形不同为由,将原先的二十一条章程并作十条。此任道台的腰板硬了,一改前任唯唯诺诺,唯老外马首是瞻的做法,未与领事、税务司协商,就自作主张定下章程,仅仅将章程抄送各国领事,照会税务司备阅。墨贤理在海关报告中说,巡捕房"在华生先生之前是由库克(即葛格)上校主管,他尽管有道台的支持,但却属于通商口岸领事管理",通过这次调整,"巡捕房由道台控制,并受规则制约,这些规则不时有所增加","巡捕房的当权者倾向于当地居民,希望不再受到通商口岸领事的制约。除非持有道台或知府或地方法官的逮捕状,否则不能对外国人居留地上的居民进行逮捕,这一逮捕状需有督捕的签字,方可执行"。调整以后,领事不能管理指挥巡捕房了,只有"经过申请,领事可以得到巡捕房的帮助,协助逮捕行动"。调整后的巡捕房,"有1名外国督捕、1名外国巡捕、3名本地巡长、16名本地巡捕、1名当地翻译和1名当地书记员[1]。"但巡捕房人数常有变化,在特殊时期常常会增加巡捕力量,如1884年中法战争时期,道台下令从本地驻军中派遣50人去加强华生少校手下的警力;1900年的危机,也额外增加了40名巡捕。

  1906年6月,宁波城内的绿营兵丁汰弱留强,改为巡警。1908年巡捕房督捕华生去世,陈谦夫、袁履登、徐友丞等人联名上书道台收回警察权。次年5月,道台桑宝收回江北岸巡捕权,实行警政。撤销巡捕房,改设巡警分局。鄞县知县任总办,另委坐办一人,遇有交涉重件,则由道台主政。原英人捕头浦克礼士改任为副巡官,并订立协议,规定浦克礼士必须遵守巡警分局一切规则,不得干预一切裁判权及所巡地方外之事,在总办、坐办节制下,负责保护外国商民教士并约束训练各巡士。浦克礼士后来还曾担任宁绍两属盐务稽核所洋所长。江北岸巡捕房及巡捕从此退出了历史舞台。

  巡捕日常有哪些事务呢?从巡捕房章程、海关报告,以及晚清民国期间报纸的相关内容看,巡捕要做的事情简直是包罗万象,涉及现今公安、城管、消防、卫生防疫,甚至监察的一些职能。如凡兵船水手不得带兵器上岸,不准聚赌,不准放枪打鸟等,涉及公安;不准在江边晒晾菜蔬及铺晒木片柴板之类,挑贩、小生意人等不得于道旁乱置担物、有碍街道,不准在江沿及街巷驰马等,涉及城管;华洋行铺不准多积火油,每行铺每日所积不得过四箱,遇火警,各水龙局必须立即鸣锣赴救等,涉及消防;不准弃秽物垃圾下河,并不得堆积房旁,街巷不准小便,在规定的时间内不准粪担往来、不准洗涤便桶等,涉及卫生防疫;衙门差役查拿人犯,或巡察地方,无论何项店铺,皆不准借端讹索,涉及监察。

---

[1] 陈梅龙,景消波译编:《近代浙江对外贸易及社会变迁》,宁波出版社2003年版,第32页。

江北警署旧址原貌,2014年摄

巡捕还得报告军舰的到来和离去,登记被雇船只,寻找绑架孩子的船只等。有时可能还得配合军队执行任务,如1907年12月8日《申报》报道:"绍属嵊县土匪滋事……军门爱于二日率领衙队勇丁四十人及巡捕戈什等多人,由西江进发前往查视。"有时甚至还得充当社区调解员的角色,仲裁家族成员间的争执。

巡捕房附设消防队、防疫站、钱庄和"便民局"。海关报告记载:"在道台支持下,成立了一支很好的消防队一直在巡捕房待命,手下有20名苦力,一旦发生火警,就帮助警察工作。"防疫站是"由税务司墨贤理先生在1896年开设,受巡捕房管理。在春季的四个月中一直开放,其费用一部分由道台负责,一部分由巡捕房罚款所得。防疫站长是一位有经验有技术的医生,……每季接种疫苗的孩子达1000名"。至于钱庄与"便民局",可能属同一机构,其工作性质类似于现今的"扶贫办"。"由道台主持在巡捕房开设了一个钱庄,那些值得可怜的移民可以从中得到200—2000元的少量贷款,且不需支付利息。""几年前又建立一个附属于巡捕

宁郡卫安勇，1872年摄（来自"独立观察员"的博客）

房的机构，即'便民局'，为居住在江北岸的中国穷人服务。"

海关报告中，有对巡捕房及巡捕的评价，认为其工作十分出色："作为居民对巡捕房高度评价的证明，巡捕房保存了由中外居民以及官方授予的奖状"，"犯法者宁愿由巡捕房来处理他们的案子，其原因显而易见是他们受到中国官方的惩罚会更严厉，而且会被衙门里的人欺诈"。

在地方长官眼中，巡捕也很不错，如薛福成在一呈报中称：

> 宁郡江北岸为通商码头，华洋杂处，巡防弹压，交涉事繁。自光绪六年间整顿章程，改派洋人华生为巡捕房督捕，迄今年久，遇事禀承，于办理华洋缉捕巡逻诸务，均能妥协，并无贻误。上年海防吃紧，谕令督带巡捕于江北岸周历梭巡，不闲昼夜，得以匪徒敛迹，人心又安，商民信服。他如帮设电线，保护教民各事，尤能始终勤奋，小心认真，不无微劳足录。详情附案，奏请给予四等宝星，以照激劝等情前来。经臣咨准总理衙门核与成案相符，相应仰恳天恩，俯准将宁

波口巡捕房总巡捕英国人华生给予四等宝星一面,准其佩带。[1]

但《鄞县通志》记载:"总巡恃有领事及海关西员之庇护,我国官吏又从不过问,遂任意敲剥,无恶不作。"而当时的报纸,确实也有对巡捕房的负面报道:"宁波江北岸捕房向除洋捕外,均用卫安勇充当,华捕相安无事。今年忽将卫安勇辞去,改用通事之同乡松江人,于是松江新捕有恃无恐,手执洋枪,沿途打狗。六月二十九日早间在春和茶栈门口陡开一枪,误将一栋茶娘之头额打伤,应声倒地","长正和南货铺伙缪东升与甬江北流娟金桂香有啮臂盟,近被妓所欢六号巡捕名云生者恃势凶殴"。

说起巡捕,或许你会联想到影视作品中头缠红巾、脚蹬皮靴、身材魁梧、满脸络腮胡了的"红头阿三"形象。宁波江北岸巡捕是什么模样呢?1961年,卢国黼先生在其《江北岸巡捕房内幕》一文中,对巡捕房华籍人员的穿着有如下描述:"凡是外勤及巡捕,在春、秋、冬三季为头戴无顶红缨帽,身穿元色布对襟排扣窄袖马蹄口短袄、元色布裤,腰缠五寸阔红洋布带一条,足穿元色快靴。夏季换戴无顶红缨凉帽,衣、裤、带、靴照旧,不过布质换穿天青羽纱。如遇天雨换穿桐油浸布的钉靴。捕房门口站岗者手执长矛,腰挂朴刀。"但影像史料显示,巡捕着装与宁波卫安勇的着装相似。这或许有两个原因:一是因为华捕"脱胎"于卫安勇。二是因为巡捕的着装,在葛格参将当家时由葛格决定,"号衣器械悉听委员(葛是武委员)定议";在华生督捕当家时由华生决定,"所有各巡捕衣帽由该督捕定式,使人易于辨识"。而葛格、华生两人既是卫安勇"教头",又是巡捕房"当家"。

文献及旧报等史料显示,江北岸巡捕房设于1865—1867年间,迁于1890—1899年间,1909年改为巡警分局。下面旧影画面中有留发辫、戴木枷的犯人,背面有日文标注,译成中文即是"宁波警察署前面的巡查和犯人",这应该就是清末巡警分局前的"场景"。犯人旁边的手牵铁链者,

---

[1] 陈宏雄主编:《潮涌城北——近代宁波外滩研究》,宁波出版社2008年版,第11页。

1910年前后宁波警察署前面的巡查和犯人（水银提供）

是由巡捕改编的巡警，而身后那幢三楼三开间的洋房，就是曾经的巡捕房、当时的巡警局。侥幸的是，这幢洋楼尽管破败不堪，但至今依然保留着。将"江北巡捕房"的文保牌挂在这里，应该更名副其实。

【十一】 报馆

1910年创办于江北岸洋船弄口的《四明日报》报头

李霞城像

由现今的巡捕房旧址向北约70米，是扬善路与中马路的交叉口，扬善路原先称洋船弄，扬善路附近这段中马路，原先称作同兴街。晚清民国期间，宁波影响最大、发行时间最长的两份报纸——《四明日报》和《时事公报》，先后在这一带诞生，前者在洋船弄口，后者在同兴街边，两家报馆近在咫尺。

《四明日报》创刊于1910年6月30日，创办者为李霞城、蔡琴荪、董翔遂、王东园等人。大股东李霞城，号镜第，小港李家人，热心地方教育事业，参与或独自创办了宁波益智学堂、效实中学、工业学校、女子师范学校和小港灵杰学堂。他是盐业巨商，曾担任宁波商会会长，因为入股宁波新学会社书店（1905年），继而开办钧和印刷公司（1906年），又因为有了印刷公司，进而又创办了《四明日报》。

报馆一开业，各界纷纷祝贺，旅沪同乡会、宁绍航业维持会、宁波府教育会、镇海教育会劝学所、镇海自治事务所研究所、浙江日报馆等团体发电祝贺，好多文人雅士也发表祝贺文章，希望《四明日报》为"浚众人之知识，期风俗之改良，且使涵养德性，矫正害德之旧癖"发挥舆论力量，成为"社会明灯、自由之花、政府诤友、知识产儿"。

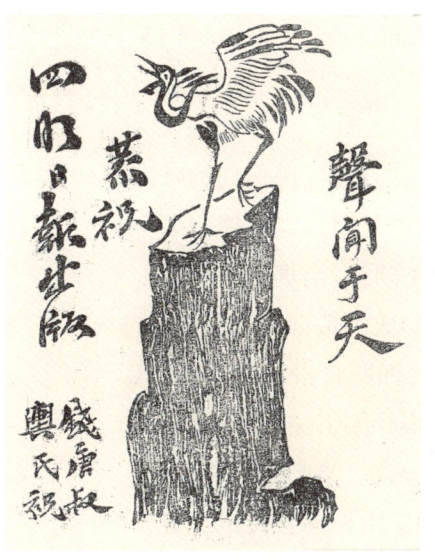
祝贺《四明日报》创刊的漫画

祝贺《四明日报》创刊的漫画

  创办初期《四明日报》景况不好,至1911年夏,日发行量仅约1000份,订户多数是些想了解家乡情况的外埠宁波商人,本地订户不多,仅一年时间就花去一半资金,发行却未有明显增多。不久,辛亥革命爆发,民国建立,唤起了人们对政治的关注,随后民族工业又进入发展期,《四明日报》时来运转,发行量大增,报馆名利双收。后来外滩一带又相继出现《方闻报》《浙东公报》,但都昙花一现,不到一年便销声匿迹。《四明日报》自创办起,十年内可谓是一枝独秀,成为宁波唯一"喉舌"。

  被寄予厚望的《四明日报》,后人对它的评价似乎不高,有人讥讽其为"水火盗贼报"。说它的新闻是"水火盗贼,赌博奸淫";评论是"之乎者也,仁义道德";小品是"风花雪月,鸳鸯蝴蝶";那些带有迷信色彩的异闻逸事,更是"格调低下,令人可厌"。还有人说它是一份十足道地的绅士派报纸,说"物以类聚,人以群分",报纸的股东几乎都是本地巨商和有地位的绅士,一群胆小怕事的绅士,所办的报纸不会惹出什么文字狱,也不会引起社会上的注意。

  但这些说法似乎有失公允。

  1917年8月,《四明日报》因批评当局的戒严检查,又"抗命不行"而被戒严司令部勒令停版七天。1921年8月《四明日报》刊出《民信局的呼吁》一文,为民信局呐喊助威。1923年《四明日报》更是因编辑被捕而轰动一时。此年1月4日,宁波警察厅拿获私土巨贩王阿林,当场搜获烟土五百两,但是解送到警厅后,所有被扣烟土,忽然都变成为黄糖,王阿林以无确证而被释放,于是外传有两千元运动费之说。《四明日报》对此进行详细报道,因而得罪警厅。厅长林映清命部下诱请报社编辑主任叶伯允,对其讯问,认定其侮辱官长。叶争辩说:"无论有罪无罪,当归法庭办理,警厅万无讯理之权。"于是警察厅将叶押解至检察厅,由检察官传讯。叶又抗议官厅以欺诈手段逮捕,要提起反诉,并诘问:"凡讼事必有被害人,今被害人何不到庭?"检察官以其由警厅送来,可不必有被害人为由,将叶发押看守所。叶伯允被捕后,张静庐、汪北平等人从上海发电声援:"宁波《时事公报》转《四明日报》各公团均鉴,林警长滥捕记者,摧残舆论,违律越权,殊堪发指,同业皆危,讨不容缓,望据理力争。"[1] 后经宁波中国银行行长陈南琴、南洋烟公司经理陈才宝要求取保,叶伯允才被释放。

同年11月张申之不满曹锟贿选总统,毅然辞职回甬,四明日报馆当即聘其为主笔。反对封建帝制,宣扬共和精神,二十多岁就才华出众,在报界享有盛誉的陈布雷先生,也在四明日报担任过主笔。

军阀孙传芳统治浙江期间,四明日报馆是国民党活动场所,宁波国民党执行委员会设立国民会议筹备会,将报馆作为临时通讯处;宁波国民会议促成会成立后,四明日报馆是常驻委员所在地,在报馆开会,定报馆为通讯处。1927年1月,因为附送爱国青年刊物,《四明日报》又被警厅封闭。

可见《四明日报》这些绅士,并非胆小怕事。相反,恰恰因为缺少顾忌,说了些为时局不容的话而惹火烧身,导致《四明日报》停刊。

据《时事公报》载,1927年3月5日,《四明日报》被国民党市党部函请十七军二师政治部查封,查封布告称:"案据市党部呈报,本埠四明日报馆,捏称全体市民名义,公然散发传单,诋毁市党部,请求封闭并拿办首要

---

[1] 1923年1月8日《申报》。

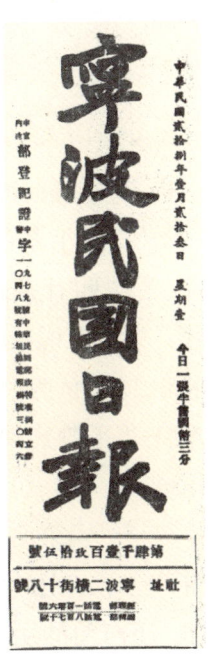

宁波民国日报社门面（阮建根提供）　　1927年创办于江北岸《宁波民国日报》报头

前来。查该报馆既在青天白日之下，竟敢公然诋毁党部，并与反动分子之结合，自应准予派员会同党部及团体代表立即封闭，交党部改组办理，除呈报并执行外，特此布告。诸色人等一体知照。"五天后，国民党党部在四明日报馆原址，办起了《宁波民国日报》，除印刷工人外，原四明日报职员被驱逐，其钧和印刷公司被改为该报印刷部。李霞城被认定为"劣绅"，不但报馆和印刷公司被占，盐行及家产也被查封，当时李正巧在杭州参加省议会而幸免被抓。李案几经波折，最终省政府下令返还其全部财产，但此时报馆产业已名存实亡。1927年7月2日，《宁波民国日报》以"李霞城蠲助报产"为题，刊登李氏复函内容："惟是四明日报馆，现已改设民国日报，鄙人愿将四明日报装修生财，助与贵党部办报，以免迁移之劳。"然而，令人奇怪的是早在6月30日，此报早已刊登"市党部鸣谢李霞城慨助前四明日报全部生财装修"文章。这先谢后助，不免让后人生发诸多猜疑。

报纸停刊后，旧职员汪北平以及沪甬两地旧任董事认为，《四明日报》素以态度公正、消息敏捷为各界所称许，悠久之历史，相当之价值，且为桑梓唯一永久之舆论机关，自宜力为保持恢复。经他们努力，半年多后，新的《四明日报》在老城厢廿条桥（碶石街）恢复出版。史料有说新旧《四明日报》毫不相关，笔者认为，尽管该报经理兼主编汪北平曾声明："虽继承《四明日报》名义，但一切装修生财，均系另办，与李君镜第助与《民国日报》者无涉。"这财产上的另办不等于报纸另办，汪声明的用意是想撇清财产关系，避免招致麻烦。报纸既然是保持、恢复，那就不可能是另办。恢复后的报纸不但沿用了

26岁时已办报三年的金臻庠先生

原名称，还延续其流水编号，这是承继关系的明证。《四明日报》续办至1930年，汪北平因犯烟案被拘送公安局核办，报纸也因"备案手续未完，登记复经剔出正拟取缔，且该报内部腐败已极"[1]，而被省党部勒令停版。1935年，傅建华又在江东大道头办《四明日报》，由于缺乏资料，难以搞清此报与原《四明日报》的关系。

《时事公报》创刊于1920年6月1日，发起人金臻庠出身于镇海绅士家庭，曾就读于斐迪学校，当过几年小学教师，五四运动时，被推为救国十人团团长，据说因为揭发奸商罪行，投书《四明日报》屡遭拒登，年仅24岁的金臻庠就激发起自办报纸、建立舆论阵地的想法，与志同道合者一起筹款办报，自任社长。

金臻庠性格高傲，鄙视权势，不愿阿谀逢迎，不向权贵折腰。他说自己是"赋性愚直，有茹必吐"，以至"招怨致尤，宁堪数计，孤立独行，常用自危"。据说在20世纪20年代，宁波镇守使王桂林儿子结婚，宾客盈门，

---

[1] 1930年6月4日《申报》。

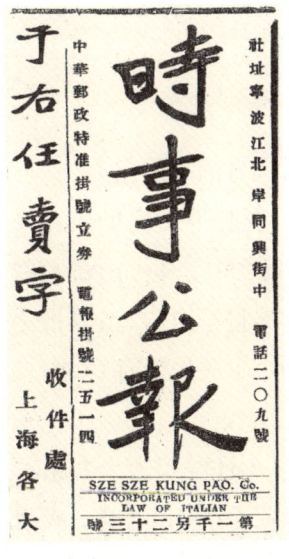
1920年创办于江北岸同兴街的《时事公报》报头

抗战胜利后复刊的《时事公报》报头

独不见金臻庠前去道贺。金不去也罢了，还声言"我若趋奉官厅，就不必办报了"。王桂林闻知后恼怒地说："别人眼睛长在额角上，金臻庠眼睛简直搬到头顶心。"因而衔恨结怨，伺机寻求报复，后果真逮住机会，将金关押25天之久，经人作保才获释。然而，一场牢狱之灾也使《时事公报》声名大增，遂了金之"报纸不封不是好报纸，编辑不抓不是好编辑"愿望。

1925年5月7日，为运动废止出版法事，《时事公报》邀《宁波新报》《四明日报》、汲绠斋、新学会社、明星书局等书报业经理，在时事公报馆开会，反对当时的出版法，认为此"出版法为袁氏时代私产之恶法，违背约法所赋予言论自由之权，应一致反对"，会后一面分电北京府院部力争废止，一面并函本埠各法团请为一致主张。

《时事公报》以反帝反封建为任，以"为民喉舌"为荣，顺应社会潮流，广受读者欢迎，发行才一年，日发行量就远远超过出刊已十余年的《四明日报》。连浙海关税务司甘福履也认为《时事公报》编得很好，广受欢迎。

抗战期间，《时事公报》积极揭露日寇暴行，鞭挞汉奸言论，报道前线战况，鼓舞民众勇气，用很大篇幅连载前方将士抗击侵华日军的英勇事迹，起到了弘扬民族正气，凝聚百姓民气，激励抗战士气的作用。报馆还发挥媒体优势,直接组织抗日活动,尤其是在募捐和义演活动方面不遗余力。

九一八事变后,为支援东北抗日,《时事公报》发起筹款援助黑龙江省卫国将士军糈活动,筹款告示称:"在此辽吉失陷之中,马占山将军奋其孤掌,独持黑龙江危局,为我民族争一线光荣,今据将军电告,虽以粮尽弹绝,退守拜泉,尚欲增补师旅,力图反攻,收回失地,事关民族存亡,国人应共起赞助。"

"一·二八"事变爆发,《时事公报》迅速在2月1日发起为十九路军募饷活动,宁波百姓除了捐款,还纷纷到报社助送咸光饼,或车载,或肩挑,或背负,或手挈,络绎不绝,慈溪骆驼桥商学界还雇船运送咸光饼。咸光饼从宁波几十万枚几十万枚地送往上海前线。传说咸光饼是明代戚继光抗倭官兵的干粮,本地百姓热衷于送此饼,就是要激发十九路军官兵抗战勇气,祝愿这些热血男儿同戚继光一样取得胜利。

1932年2月15日起,《时事公报》连续50天刊登代收慰劳前线将士现金、物品的大幅广告:"前线将士,喋血拼命,为谁牺牲?后方同胞,安居乐业,受谁之赐?恳求同胞,眼光放远,良心放平,有钱捐钱,有物助物,快来慰劳我为国牺牲诸将士!"收到捐助钱物,报社每日刊登"助饷报告",按人逐笔公布,即使是小到角也不例外,寄出钱物也公布相关单证,笔笔落实,绝不含糊,因而赢得广大群众的信任和称道,捐献十分踊跃。"各界接踵而来,应接不暇,以致本社门首,终日拥挤不堪,几无插足之地。"王德溶、史良臣、史兆琳、王冰生等人将所藏百余幅名人书画义卖,捐献所得,支援前线。

1936年前后,为了及时反映国内外形势,金臻庠设法从上海买来短波收报机,请来专业人员,建立电讯室,抄收国民党中央的B种新闻稿。自从报社有了收报机,国内外新闻内容更丰富,报道更及时,发行量迅速上升,成为当时浙东地方报纸之冠。

《时事公报》还注意反映底层百姓的苦楚和愿望。1934年夏天,国民党鄞县县党部奉命提倡所谓"新生活运动",规定人力车夫上街拉车时须穿衣衫,不准赤膊,以正观瞻。有几个车夫拉车时没遵守规定,被警察各罚银圆一元,发给汗背心一件。社会团体济生会为车夫出头鸣不平,反对县党部这种强制做法。金臻庠也是济生会负责人之一，就在《时事公报》上提出批评，要求县党部收回成命，因而与县党部发生公开冲突，引起社会各界的关注。人们多同情人力车夫，支持济生会与县党部抗争，后来县党部无法坚持，不了了之。

1941年4月宁波沦陷前，《时事公报》停刊。抗战胜利后，该报于1946年2月11日复刊，为与沦陷时被敌伪盗用的《时事公报》区别，报名改为《宁波时事公报》。金臻庠信心满满，他在复刊词中表示："以战士姿态，本无畏精神，不偏不倚态度，公理

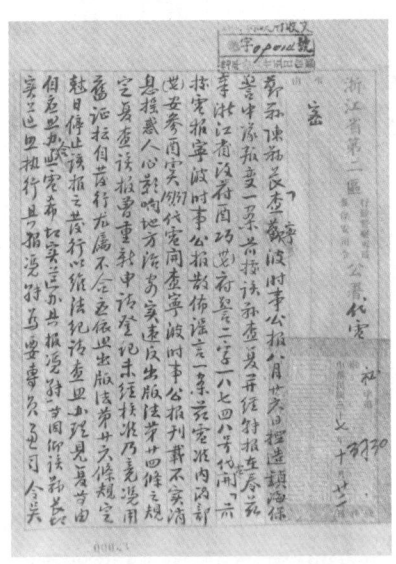

保安司令部查处《时事公报》文件（来自市档案局）

正义立场，披荆斩棘作风，为民众作喉舌，为文化充前驱，这是当时本报的抱负，也是当时本报同人的信条。"复刊词回顾了"由于军阀弄权，狐鼠之群，依阻城社，残民以逞，变本加厉，本报为实践言责，力加笔伐，因而报社曾遭封闭，主持人曾遭拘禁"的历史，表示今后仍将做到"凡民众所欲知的，忠诚地给予报道；凡民众所欲言的，忠实地为之代言。"《时事公报》的这种办报方针，注定要被当局视为异己而除之。1948年10月23日，复刊不满三年，当局以该报"散布谣言"和"凭用旧证擅自发行"为由，勒令其停止发行。《时事公报》于次日发表"本报停刊启事""金臻庠启事"，以及社评和短评，披露事件详情，据理驳斥，并表示"本报一息尚存，自必奋斗到底，非为一报纸争生存，乃为全社会争正义"。但10月25日停刊后，《宁波时事公报》再未复刊。

宁波图书馆在介绍馆藏旧报时称：《四明日报》是宁波早期自办报纸中最重要的一种；《时事公报》是宁波解放前出版历史最长、发行量最大的民营大报。这两份报纸出现在江北岸外滩，并非偶然。在江北岸这块

1898年创办于江北岸傅家道头的《德商甬报》报头

土地上：

宁波最早的近代中文报刊——《中外新报》，1854年5月，由玛高温等人出版于华花圣经书房。

宁波的第一份纯新闻报刊——《甬报》，1881年2月，由阚斐迪邀李小池、徐漪园等创办于钰记钱庄。

宁波第一张正式报纸——《德商甬报》，1898年11月，创办于傅家道头。

宁波第一家通讯社——宁波新闻社，1925年1月，设立在马栏桥东首。

报纸"上可以明国政之是非，下可以见民情之善恶。大可以表山川之险要，小可以载庶物之新奇。其事虽微，其益甚厚溥"[1]。开风气之先的江北岸外滩，作为宁波报纸的发源地，出现《四明日报》和《时事公报》也就不足为奇了。

---

[1]《宁波文史资料》第十四辑，周律之《<甬报>琐谈》。

【十二】

港口

江北岸的道头（水银提供）

说到港口码头，就会涉及江北岸开埠；说到江北岸开埠，又会涉及李家道头。从中马路扬善路十字路口东行至江滨，过去的洋船弄口，就是当年的李家道头。虽然未发现明确记载李家道头地点的史料，但桃花渡李家三面沿江，南是桃花渡，西为傅家道头，剩下的东面，应该就是李家道头。

道头可能是浙东一带特有的称谓，辞海中无此条目。道头多见于潮汐河和海湾岸边，它在滩涂上如同一条坡道伸向江心，止于低水位处，故无论潮起潮落，小船均能靠泊，这大概就是它与埠头和码头的主要区别。宁波三江六岸过去有许多这样的道头，李家道头是其中之一。

首任英领事罗伯聃看中李家道头后，官府同意每天上午8时至下午4时之间，英国船只可以在此装卸货物。随后又在此"设立盘验所一处，建造税房，搭盖棚厂，以为夷船起货下货稽查盘验之所，使内地与外夷各船不相混淆，易于查察[1]。"从李家道头到桃花渡李家，有条长不足200米的小道，自从道头辟为通商地，这小道一带就热闹起来。东首道头边洋船聚泊，商贾云集；西端盖起了"太和栈"等各种栈房。洋船与道头间驳

[1] 倪玉平著：《清朝嘉道财政与社会》，商务印书馆2013年版，第324页。

宁绍码头轮船上望洋船弄（扬善路），纵深方向（来自市档案局）

船往来，卸货装货；小道上人来车往，川流不息。这条小道后来就成了洋船弄。

罗伯聃选择商埠时，宁波港口的中心还在江厦和江东。江厦的繁华自不必说，凡宁波人，几乎都知道"走遍天下，不及宁波江厦"；江东此时也已相当繁华，清胡德《过甬东竹枝词》称："巨舻帆樯高插天，桅楼簇簇见朝烟。"清李邺嗣《鄞东竹枝词》称："大舶常传贡使来，嘉宾盛馆郡中开。"这里不但有浙海关，也有南北号会馆，是商贸重地。但罗伯聃没有看中江厦和江东，而是选择了江北岸的李家道头。他为什么看中李家道头呢？有人说是因为这里空旷，有发展前景。笔者以为，宁波三江六岸，当时不乏空旷之处，空旷不是主要原因。李家道头及其前后沿江地带，地处甬江凹岸，凹岸一侧水深不淤，利于大船靠泊，这才是最主要原因。应该承认罗伯聃是有眼光的，宁波港的发展过程，证明了这一选择的正确性。

宁波港曾经是西方人梦寐以求的通商口岸，如果从1759年英国东印度公司船只企图驶入宁波港被逐，北上天津要求"仍乞通市宁波"算起，老外已经"单相思"了八十五年，当时西方人普遍认为，"宁波将是五口通

宁波港宁绍、太古、招商局码头（由近及远）旧影，1930年发行（来自《亚东印画辑》）

商城市中最为重要的城市"。所以江北岸开埠之初，洋商纷至沓来。但老外很快就失望了。罗伯聃在1846年1月的报告中说"宁波对外贸易似乎是不会繁荣起来"。罗去世后，其继任索里汪连续三年报告了坏消息：1847年说贸易比上年减少了约三分之二；1848年7月说贸易实在微不足道；1849年1月说贸易没有增加。甚至连并不从事贸易活动的传教士娄礼华，也看出"宁波的好日子大概已经过去了"[1]。据《宁波市志》记载，宁波港开埠当年贸易额达50万元，但5年后却下降至5万元。

　　导致宁波港衰落最根本的原因是上海港的崛起，上海港地理优势在轮船时代胜于宁波。两港近在咫尺，腹地有限，不可能同时形成两个中心，所以彼长此消。后来温州、杭州相继开埠，宁波港又进一步削弱。温州1877年开埠，转移了相当一部分棉织品、毛织品及鸦片贸易；杭州1896年开埠，所有的徽州茶贸易都转到杭州，近一半的鸦片贸易也转到杭州，一年减少的贸易额达三百万海关两。宁波港贸易发展极其缓慢，几乎处于停滞不前状态。从1861年到1933年浙海关验放进出口货物总值统计

---

[1] 龚缨晏著：《浙江早期基督教史》，杭州出版社2010年版，第159页。

清末招商局码头，1901年前摄（来自"独立观察员"的博客）

表看，在长达72年的时间里，只增长了85%，即使与历史上最高的年份1930年比较，也只增长了493%。不进则退，宁波港地位一降再降，货运很快沦为三流港口。

与货物吞吐长期停滞不前形成鲜明对照，宁波港的客运业务却一直迅猛发展，十分兴旺，客运量仅次于上海港，名列全国第二。据《宁波市志》记载，客运从1892年到1919年，27年中增长了639%，与最高年份的1916年相比，则增长了739%。

客运业务兴旺的主要原因是宁波移民人数众多。由于宁波地狭人稠，宁波人又具有"工商皆本"思想，长期以来一直外出经商。

在清朝，光绪《鄞县志》载："生齿日盛，地之所产，不给于用，四出营生，商旅遍于天下。如杭州、绍兴、苏州、上海、吴城、汉口、牛庄、胶州、闽

外滩码头的送行（龚维琳提供）

广诸路,贸易甚多。……甚至东洋日本,南洋吕宋、新加坡,西洋苏门答腊、锡兰诸国,亦措资结队而往,开设廛肆。"

在民国,《鄞县通志》载:"商业邑人所擅长,惟迩年生齿日盛,地之所产不给于用,本埠既无可发展,不得不四出经营以谋生活,北至燕齐关东,南至闽粤滇黔,西至湘鄂巴蜀,几无不有邑人之足迹。邑人之足迹尤以上海为最盛,经商于此者,奚啻二三万人,故有第二故乡之谚。……至若国外近之如朝鲜、日本、安南、暹罗、缅甸、吕宋、新加坡、爪哇、苏门答腊等处,远之如欧美诸国。"

当时的"老外",也看到了宁波移民状况。德国人白萧斯在《甬报缘起》中说,无论是在长江沿岸金陵、武昌,还是在运河兖州、北方海滨,凡号称都会之地,商人中十有三四来自宁波。税务司安斯迩也说:"各个阶层的宁波人移民到上海去的很多,而且持续不断。在中国其他较大通商口岸几乎都有宁波人。"[1]

从上面的记述,可以看到,宁波人的足迹不但遍及上海、天津、汉口等

---

[1] 陈梅龙、景消波译编:《近代浙江对外贸易及社会变迁》,宁波出版社2003年版,第127页。

宁波人在国外开设的木工泥匠店铺（李炬提供）

国内各大口岸城市,还远涉世界各地。

  宁波近代最早大规模移民,应该是在1900年,佘德在海关报告中说:"当一艘大轮船到达本地时,有500人准备离开,一部分是宁波人,一部分是镇海人。……大部分是附近地区的农村劳动者,他们中有些是优秀的劳动者和种植能手。当然他们也都是善良的、遵纪守法的。……现在有许多移民离开本地,他们想挣点钱然后回来,生活可以过得更舒适些。"但这批人很快就又回到宁波。后一任税务司柯必达说:"最后镇海附近小村庄小港的一个富有的地主包了一条到新加坡去的船,把所有的宁波人都带回。"返回的原因,按柯必达的说法,是"有谣传说那些苦力在海峡没有受到应有的待遇,不久就被遣散"。而按《张太夫人年谱》记载,这批人当初是被奸商卖到南洋的。著名学者王国维曾作诗赞扬张太夫人在此事中的功绩:"一朝买作奴,终身为非民。伟哉张太君,独拯五百人。"

  《申报》载,1905年,法国人在云南开筑铁路,共从宁波招去1104名劳工,首批劳工在宁波乘轮船时,"浙提吕军门、提标张参戎暨鄞县高大令恐人众肇事,特亲至江北码头弹压"。次年,海关税务司辛盛从《字林西报》中了解到这批人到云南后境况殊为悲惨,"靳给工赀,用兵压制,死多

宁绍码头及轮船（李宾提供）

生少，受苦异常。而新自宁波来者则往往三五十人踵门跪求生路"，这些劳工"食卧失所，无计逃生"。便致函宁波道台，设法救援。于是道台上报浙抚，浙抚再电请云贵督部堂照请法官查究，电咨外务部设法拯救。这批劳工最终命运如何，不得而知。

也许是因为这两起事件影响，宁波就再没有像广东、福建一样，大规模向国外移民。税务司安斯迩在1932年报告中说："几年来宁波人都试图大规模移民国外，结果却遭失败，如今不再动此念头了。"大多数宁波人选择到上海谋生。按税务司甘福履1921年估计，竟有2/3的宁波人移居上海。

移居外地，特别是移居在上海的宁波人，逢年过节、婚丧嫁娶、清明祭扫等，大都要往返于沪甬。随着票价降低和移民人数增加，乘船的人越来越多。从光绪年间的"或岁一归，或数岁一归，携带各处土物，馈送亲友"[1]

---

[1] 张恕等修：光绪《鄞县志》卷二"风俗"，第6页。

到民国时期的"是以沪甬轮舶旅客之往还,日患人满"[1]。这些漂泊异乡的宁波人,成了宁波港稳定而又庞大的客源。

沪甬线客运兴旺的第二个原因,是沪甬线票价经过几次竞争后,保持在低位。由于票价低廉,产生出一种"跑单帮"的行当。所谓跑单帮,就是利用地区价格差从事商品贩卖,也就是后来所说的"倒爷"。当时跑单帮主要集中在沪甬之间,"他们在上海办到货物后,一转手就在宁波市场上出售,很易获利。贩销的商品,除棉布、百货、五金、西药、卷烟外,一般单个的单帮客人,着重走私颜料中的'黑靛粉''海关棕''德皇绿'与'孟山都糖精',西药中的'双桃'奎宁片等。因为这些商品体积小,价值高,携带方便,获利丰厚"[2]。早在1891年,宁波"跑单帮"就已经很普遍了,税务司墨贤理在该年海关报告中说:"在离开宁波的旅客中,有相当多的人是'跑单帮'的,带有装有锡箔和其他地方特产的行李,那些行李的运费和税加起来大多超过2角5分。[3]"人数众多的"跑单帮"者也是宁波港不小的客源。

在宁波港进进出出的,除了货船、客船、渔船等民用船只,还有外国人的军舰。宁波开埠后,几乎年年都有外国军舰到甬江游弋,这些军舰来自英法美日等国。有的名为友好访问,实则耀武扬威;有的明目张胆威慑,未经允许就闯入港内。1903年12月11日《申报》载:"宁海教案突起,法廷即电调一兵舰驻泊甬江……"直系军阀孙传芳入浙及所谓"浙人治浙"期间,法国军舰、美国军舰、英国军舰以保护侨民为由,相继驶入宁波港。江北岸天主堂,还请法舰兵士二十余人上岸,入堂保护。法国水兵上岸后,恣意妄为。1924年9月28日《时事公报》报道,江北岸车站路"有法国兵舰水兵三四名,均系酩酊大醉,神经昏乱,逢人殴打,时适有一年二十余岁之女子路过该处,该兵士等即将抱住,肆意调笑,女子大呼求救,强力抵抗,然已被水兵等推倒地上,拳脚交加,幸经该处岗警及路人,均上前援

---

[1] 张传保、陈训正、马瀛等修撰:《鄞县通志·文献志》,宁波出版社2006版,第2631页。
[2] 《宁波文史资料》第二辑,李政《解放前宁波市商业概况》。
[3] 陈梅龙、景消波译编:《近代浙江对外贸易及社会变迁》,宁波出版社2003年版,第330页。

1862年宁波三江口的英国康恩脱号军舰（来自"独立观察员"的博客）

救,该女始得逃逸,法水兵等遂迁怒岗警,拟将扭住凶殴,岗警见势不佳,即逃入附近之利捷轻车公司躲避,水兵等亦尾进而入,声势汹汹,……将该公司玻窗电灯茶杯等物,均行捣毁,并推倒人力车多辆,旋由玻窗中跳出,复至火车码头,见人就打,……至马路弄翠凤妓院吵闹……"。

这则报道中,多少可以窥见当年那些外国水兵在宁波港口为非作歹的行径。

【十三】洋行与保险业

英商太古洋行办公楼，1906—1907 年间摄（来自斯威尔影集）

从扬善路口沿外滩北上，到游艇码头西转，穿过城展馆，迎面有一幢西面用红砖，其余三面用青砖砌筑的两层小洋楼，据说原先是英商太古洋行。俗话说"怡和的面子、太古的银子"，"太古"银子木佬佬多，经济实力不是一般的强。这幢小洋楼可能是其附属用房，太古洋行的主体建筑位于今城展馆东南角，是幢六开间两层外廊式洋楼，有宽敞的院子，面临甬江，颇有气派，但现已不存。

由小洋楼向北约 500 米，有现今所谓"英商洋行"的建筑，其实这幢建筑的"身世"颇为复杂。旧影史料显示：此建筑在 1875 年时为 "Sassoon&Co."，即大名鼎鼎的"沙逊洋行"；在 1890—1891 年间又标注为 "McCaslin&Co."，即"宁顺洋行"。宁顺洋行的老板并非英国人，而是美国人。这家洋行在宁波开设时间并不短，早在 1874 年香港出版的《中国目录补充册》中，就已将其列入，不过当时它的英文名为 "Coit&Co."，1894 年版《中国目录补充册》中它依然存在，英文名改为 "McCaslin&Co."，说明它此时在宁波开设时间已至少超过了二十年。令人奇怪的是，这么一家洋行，《宁波市志》等有关志书居然没有提及。1911 年起这幢建筑成了银行经营场所，先后开办过 5 家银行。宁顺洋行与天主教堂、英国领事馆、旧

> **NINGPO** 167
>
> **DIRECTORY**
>
> BUTTERFIELD & SWIRE, Merchants
>   D. Nesbitt
>   *Agencies*
>   China Navigation Company, Ld.
>   Union Insurance Society of Canton
>   Equitable Life Assurance Soc. of U.S.A.
>
>   *Chan Shang-Sung-Kink*
> CHINA MERCHANTS' STEAM NAVIGATION Co.
>   Shêng Kang, manager
>   Ch'en Shiou Cheu, do.
>   *Agency*
>   China Merchants' Marine Insurance Co.
>
> **CONSULATES**
>   門衙事領國英大
>   *Da Ing-kok Ling-ze-ngô-meng*
>   GREAT BRITAIN
>
> 顺寧 *Nying-shing*
> MCCASLIN & Co., Merchants, Commission Agents, and Manufacturers of Rush Hats and Matting
>   C. McCaslin
>
> **MISSIONARIES**
> 會公老長國美大
> AMERICAN PRESBYTERIAN MISSION
>   Rev. W. J. and Mrs. McKee (absent)
>   Mrs. F. E. Butler, do.
>   Rev. V. F. and Mrs. Partch, do.
>   Miss A. Morton
>   Miss E. Cunningham
>   Rev. J. H. and Mrs. Judson, Hang-chow
>   Rev. J. S. and Mrs. Garritt, do.

1894年《中国目录补充册》宁顺洋行目录

邮政局（朱宅），以及未改建前的浙海关一样，系外滩早期建筑，至少在19世纪70年代初就已经存在。在一百多年前，这家洋行的北侧是美国领事馆，南侧则是在中国设立首家轮船公司的旗昌洋行及码头，这一带似乎是美国人的势力范围。

开埠之初，江北岸桃渡路槐树路及外滩一带，有不少洋行，后来由于上海港崛起，温州、杭州相继开埠，宁波进出口贸易逐步萎缩，洋行数量随之减少。据《宁波市志》记载：1860年，有确切记载并列出商号的宁波洋行有23家，但在1862年香港出版的《中国目录》中，宁波只有恒顺、广源、悦来、新昌、倍三、敦祥、义利、利望等8家洋行，再后来就更少了。《近代浙江对外贸易及社会变迁》中介绍道，1882—1891年间，"从事贸易的外国人大大减少。宁波在这十年间有6家在1882年起从事商务的商行关门，他们分别是：广源洋行、逊昌洋行、咪也洋行、沙逊洋行、老沙逊洋行和新沙逊洋行。另外2家在此期间开的商行也停止了商务活动，只有2家洋行被证实1891年仍在营业，分别是华顺洋行和美益洋行。太古洋行在此地有一代理处，处理与英国太古轮船公司的买卖。另一家洋行名义上仍存在着，但代理人并不是外国人。进出口几乎完全掌握在中国方面，外国

英商太古洋行全景，1906—1907年间摄（来自斯威尔影集）

人已放弃了与他们的竞争。这些洋行只有两三个人"。此后，宁波洋行大致上仍维持这种局面。浙海关税务司佘德1901年在海关报告中说："60年代在宁波的外国运输贸易相当频繁，但后来集中到上海，使得宁波的贸易量逐渐减少，外国商行的数目也减少，只剩几家轮船公司。"

这些洋行销售鸦片、颜料、大麻、棉毛织品、铁锡铅等金属，以及洋松、大米、面粉和糖，当然也少不了洋油、洋火、洋皂、洋烟、洋烛这"五洋"，其中鸦片、洋布、火油、锡和兰靛输入最多。洋行还收购宁波及周边地区的茶叶、棉花、生丝、墨鱼鲞、草席、纸扇、草帽、药材等土特产。有些洋行还从事军工和机械贸易，如英商上海忠义洋行1899年在宁波打广告：专办各种军械机器，如纺纱织布、耕种地亩、开掘矿产、挖河凿井、电灯、铁路铁桥、自来水火，以及快枪快炮、各种军械、铜铁钢铅等。

除了鸦片，林林总总的洋行中，生意做得比较大的有美国美孚公司的火油，英国太古洋行的航运、保险和糖，英国亚细亚公司的火油，英国祥泰木行的洋松，英国华顺洋行的糖，美国德士古公司的石油，德国谦信洋行的颜料和西药。太古洋行较早进入宁波，在宁波经营长达50余年。

由于宁波贸易发展前景不佳，大多数洋行撤离宁波，或通过代理人经营业务，少数留在宁波的洋行有的转而经营其他业务，如德商北顺泰洋行发售彩票，名为"发财票"，美商开办了东亚旅馆，瑞商开办了华洋旅社；有的则兼营保险业务，甚至以保险为主，如英商逊昌洋行，从它1899年的广告"专保岸上房产栈房生财货物等类，兼保中西各国水险，承保各口洋

洋人开设的旅馆，19世纪70年代摄（来自包腊相册）

面平安水险，并经理人寿保险，……代客定制泰西各色军装器械纺织农工异样机器，专办华洋进出口杂货等"的内容看，此时它已经以经营保险业务为主了。

据《宁波金融志》统计：自1864年至1949年，宁波保险机构累计达155家。最早在宁波从事保险业务的是英商恒顺、广元、宝顺、悦来、怡和洋行，这些洋行自1864年就开始经营水火险。后来美、日、德、法等国的洋商渐次跟进。最早经营人寿险的是英商逊昌洋行，寿险业务始于1898年12月。而华商最早从事保险业务的是保险招商局宁波分局，开业于1875年。

保险业进入初期，缺乏信用基础。对这种闻所未闻的新鲜事，宁波人大多持观望态度，后来看到一些投保的商行出险后，保险公司果真能按约赔款，便逐渐开始相信。保险业务在宁波确实有巨大的市场，尤其是火险。当时宁波城区街道十分狭窄，木结构建筑鳞次栉比，一户起火，殃及众邻，所以殷实人家的房子大多建有高高的封火墙，城区主要街道每隔若干距

太古洋行栈房区（来自"独立观察员"的博客）

离也建有高大厚实的"公墙"，以防失火时火势蔓延，民间还成立了不少"救火会"，但这些举措不可能杜绝火灾。旧时宁波火灾频发，尤其是秋冬季节，为害甚烈。1943年1月11日凌晨一时许，药行街仁和堂药铺起火，因时在深夜，又值严冬，西北风肆虐，火焰四周飞腾，其势之猛，市空皆红。药行街、车轿街、又新街、护城巷、泥桥街、怀安巷、灵桥路、常平街等皆遭火焚，大火延烧约四个小时，烧毁店铺及住户114户，大小房屋194间，一时哀鸣遍野，哭声雷动，厥状殊惨。

保险行业的出现，相当于又增添了一道无形的"封火墙"。所以一旦感觉到保险之事靠谱，宁波人就纷纷投保。《宁波金融志》记载：甬城商业集中地江厦一带的商号、钱庄、店铺几乎家家都保。和丰纱厂、太丰面粉厂、通利源榨油厂、钱业会馆等著名单位也都投保火险，保险业务甚为兴旺。

俗话说，林子大了，什么鸟都有。保险公司一多，也难免良莠不齐、鱼龙混杂。有的开空头公司，借保险之名行诈骗之实；有的投机取巧，一旦发生大险就逃之夭夭；有的依赖洋商仗势凌人，诬陷投保业主，企图赖掉赔款。

原旗昌洋行，1878—1880年间摄（来自杜德维相册）

如1920年，美商上海柏生商行保险公司在外马路设办事处，代理人为李定芳。为兜揽生意，将掮客佣金提高到20%，比一般保险公司多一倍。柏生办事处门庭若市，一月之中即收保险费3000余两。不到一年，柏生商行突然倒闭，美国经理将钱财席卷而去，代理人李定芳闻风后，也逃得无影无踪。

江北岸有一家称作"江海云天楼"的烟铺，保有火险，1907年8月忽被火焚，但所投保险行经理乌某却函告洋商，说该铺之火，系烟铺股东李紫卿纵火，还向官府告状。官府提李审讯后，认为纵火情形不确，由街铺各盖书束，联名禀保后，将李紫卿释放。但新任县令到任，乌又告状，于是县令又将李传案，详加质讯，知非纵火图赔，当将李释回。乌某一再诬告陷害，目的就是想赖掉赔款。

宁波的保险公司大多来自上海，在宁波或设分公司，或设办事处、代理处。其经营方式一般是罗致熟悉本地情况的"老宁波"分头兜揽业务，

1931年保险公司广告

这些人称为经理员，也称保险捐客，佣金一般为保费的10%—15%。代理保险业务这一行当看上去不用花本钱，钱来得也容易，却也潜藏着不小风险。若碰上"野鸡"保险公司，那些代理人就成了替罪羊。甬江有一家王文正书庄，也算是经营笔墨书籍的老字号了，在1899年时已小有名气。后来店主王梅城代理销售彩票，生意不错，进而又为同益保险行代理保险业务，生意也不错，正当王老板沾沾自喜时，同益保险行突然倒闭，投保者纷纷向王梅城逼还保费。因为数额过大，难以承担，王梅城就东躲西藏，避匿不出。但保户催逼很紧，长期躲避也不是办法，王老板只得去上海找总公司商议，此时同益保险行的洋人早已亏负远避，王空手而返。投保商家因退赔无着，均向王诘责，滋闹不已，王文正书庄也因此闭歇。后经商务局调处，王文正书庄重新营业，但各保户仍不甘心，纠集多人拥至书庄大肆吵闹，并将老板王梅城扭送至保甲局。

据1920年春开始投身保险界，曾在英商连纳洋行保险公司代理处任职的冯予青先生回忆：上海德商德华洋行1925年在宁波设立代理处，经营保险业务，委严云卿（严肃）为代理人。严年轻干练，善于交际，营业日

自左而右依次为宁顺洋行、美领事馆、海关职员宿舍，1890—1891年间摄（来自《丹青与快门：早期中国摄影》）

有起色。两个月后，德华洋行德国人偕翻译来甬调查市况，视察保户，当天便赠给严云卿奖章一枚，表彰他业务办得出色。严得此褒奖，更加积极为其推广业务，保金源源不断汇往上海。谁料到了次年春天，洋人携带巨款，鸿飞冥冥，德华洋行以负债累累宣告倒闭。严云卿此时已上缴保险费近万金，所经手的保险单为数甚多，无法退保，就抱着侥幸心理渡难关。不期是年秋末，中山东路中段（大池头）大火，投保德华公司1000两的徐同兴骨牌店被焚，要求赔款，严云卿为了顾及自己的信誉，只得自认晦气，多方张罗，赔偿了600两。

早期保险业，外商占据统治地位，所有保险条款、保价、保险规则都由外商制定，保价上分"洋人保价"和"华人保价"。"华人保价"比"洋人保价"要贵很多，其差距一般为4倍，如同是一等建筑的住宅、医院、公房等，华人保户保费为8‰，洋人保户仅为2‰。最高甚至达16倍之多。而且，保险合同只用英文，外商公证行翻译人员常有因保户不谙英文，偏护保险方。当承保责任和赔款数额发生争执时，概以保险单英文条款为准，保户因此吃了不少亏。直到1935年经上海保险业同业公会与外商保险公会交涉，中英文才同时生效，1937年，实施《保险业法施行法》，保险契约始以中文为准。

报载,为了挽回利权、避免保户受欺,1934年6月,鄞县第十次全县代表大会提出"切实劝导人民嗣后投保人寿、水火各险,应向华商保险公司投保,以塞漏卮,而挽利权"一案。提案称:"就本县言,各项保险费,年达二十余万元,一旦遇险赔偿之时,尚须经公证行(鲁意斯摩洋行)之估计,以为赔款标准,而该估计人员,复借端留难,任意索诈,遇险者所遭意外损失,数亦不鲜,近年以来,国人相继自行组织华商保险公司,资本雄厚,可与外人并驾齐驱,第以吾国商人,受外国资本主义之麻醉,执迷不悟,仍喜向外商所设保险公司投保,利权外溢,为数甚大。"华商保险公司为了与洋商竞争,也是绞尽脑汁、煞费苦心。1915年,中国华年水火人寿公司在宁波设分公司,毛稼生任宁波公司经理。在广告宣传中,将民国副总统黎元洪的华年公司名誉董事身份,刊登在报纸上,以吸引客户投保。

斗转星移,百多年后,在宁波外滩,当年林林总总的洋行和保险公司,现今保留下来的,可能也就只有英商"太古"和美商"宁顺"这两幢建筑了。

【十四】

铁 路

  由"太古"小洋楼北行约 40 米即是车站路。车站路长约 400 余米，东起外马路，西至江北公园。车站路因火车站而得名，现今绿树成荫、呈条状的江北公园，百年前是宁波火车站；向北延伸的大庆路，曾经是铁路线。火车站大门位于公园南端，故原先的车站路亦向南拐弯与桃渡路相接，比现今要长 200 余米。火车站建成以后，为改善车站与码头间交通，铁路公司将屠公神道和王春茂弄（后称何家弄）拓为马路，1928 年市政府又再次拓宽并命名为车站路。

  宁波建造铁路，最早是江苏候补知县陈佩璋在 1897 年提出来的。那个时候，火车在中国出现已有三十多年，原先视火车为"奇技淫巧"的慈禧太后，在李鸿章"进贡"的豪华小火车上体验过后，对铁路的态度有了转变。唐胥、台湾等好几条铁路也已相继建成。清朝从中央到地方的官员，特别是洋务派，已渐渐认识到"铁路之利，于漕务、赈务、商务、矿务、厘捐、行旅者，不可殚述，而于用兵尤不可缓"。[1] 所以，"凡有奏请，立予俞允"。当公函转到宁波后，宁波知府自然是大力支持，不但将上级批示转发鄞、慈、镇三县遵照，还要求各县派差护送陈所聘洋人查勘道路，以防当地百姓"借端阻扰，造言生事"。

  然而，对于中国的铁路建设，列强一直虎视眈眈，千方百计地想在中国攫取筑路权，以进一步谋取各种利益。就在陈佩璋等提出兴办宁绍铁路的第二年，英商怡和洋行代表与清政府督办铁路大臣盛宣怀签订了《苏杭甬铁路草约合同》，这一纸草约，使得陈佩璋集股兴办宁绍铁路的计划成为泡影。但草约签订以后，英商却一直没有动工，仅在 1898 年 12 月，派了一位工程师，由盛宣怀委办的潘观察一起来了趟宁波，此后便没了下文。

  中国人想自建不能，英国人一占就过了七年。1905 年 7 月，绅商汤寿潜、张元济、夏曾佑、李厚祐、严信厚、朱葆三、虞洽卿等 160 人在上海集会，代表浙省 11 府发起筹股自办浙江铁路，申请成立浙江铁路公司。"以

---

[1]《清史稿》志一百二十四·"交通一"。

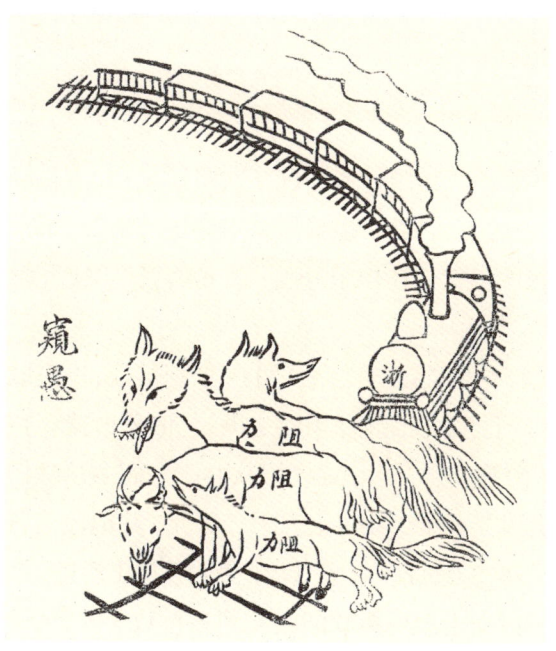

铁路建设的漫画

铁路为救时要图"的清政府,批准了浙路公司,并责成盛宣怀与英方磋商,撤废草约,"务期收回自办,毋得借口延宕"。但英商岂肯善罢甘休,仍强硬坚持草约有效,不同意废约。左右为难的清政府,只得以"成约难废","以昭大信而全邦交"为由,出台了一个"借款修筑"苏杭甬铁路的折中方案。"只准浙绅搭股,但必须以英国资本为主,决定向英国借款150万英镑,年利5厘,以路权作押。"[1]时人认为这是在变相卖路,《警告同胞》中说:"人家有钱,偏逼着人家借钱,在面子上看,好像不过是个笑话,笑外国人呆,其实这个里面,借钱不过是个面子话,实情是霸占路线。"

对于修筑苏杭甬铁路,宁波本地一开始似乎并没有显示出很高热情,1906年5月初,宁波商务总会邀集绅董商议铁路招股事宜,磋商良久,也没讨论出什么好办法,认为招股实非易事,如何办法尚须续行会议,至7月底,开会多次,招股事宜始有头绪,鄞县奉化两地认定股银十五万两。可见,对于建铁路宁波人是不急不慢、不温不火的。

---

[1] 乐承耀著:《宁波近代史纲》(1840—1919),宁波出版社1999年版,第245页。

但是，当听到英商强横霸道，朝廷软弱无能，自办铁路要变为"借款修筑"时，立即激起了宁波人强烈的爱国热情，拒款保路运动迅速展开，第一次拒款会有千余人参加，第二次拒款会还作了分工：商界负责集民股，学界负责拒英款。

1907年11月2日，宁波府中学堂致电铁路公司："抵制借款，以集股为最正办法。敝堂同人先集一千五百元，聊尽涓滴之助，乞诸公力持。"17日，慈溪"慈城商学界在中城两等学堂开会，集议拒款办法。商会总理任杏卿君首先认股三百元，于是众皆踊跃，共认银三千二百元，并拟通信各乡商学界劝其量力入股云"。26、27两日，余姚"姚江女学教员王琪龄、宋淑贞、俞振邦、胡仁霖、施济民诸女士演说拒款问题。到者百数十人，认股极踊跃，计教员、学生等共筹六千五百余元"。1908年2月10日，奉化北乡萧王庙镇绅民召开浙路集股大会，到会400余人。"由孙君表卿宣布集股开会宗旨及浙路大略情形，继由陈君基明虞君思才先后演说路股之利益及外人揽我路权之害。继由孙君益甫申论路股利益说，……反复详明，人人感动，当场共认七千三百六十三股，会毕而散，陆续来认者，尚有多人云。"3月11日，《申报》以"宁波学界仍争路权"为题报道了宁波学界致邮部、外部，致江督、浙抚，致日本留学界、杭州拒款会以及上海各报馆的电文。其内容有："人民只知自款自造，借款二字无论直接、间接均不承认"，"路局变，人心去，此后举动不可思议"，"民路民办，不认国有，无论签押与否，仍速集股分投赶造"等等。宁波拒款保路运动声势浩大，遍及城乡。

但是，铁路即将开建时，旅沪商绅与家乡耆老对宁波火车站选址，产生很大分歧，直到1909年初，双方意见依然不一。以周晋镳、严义彬、朱佩珍、方舜年、陈薰、李厚垣、樊棻、虞和德、李厚佑、叶璋为代表的沪方，认为江北有四利，江南四不便。担心车站若设在江南，地狭土松，费巨工倍，水道不便，驳运不利。主张将火车站设在江北岸。而以陆廷黻、陈星庚、张美翊为代表的甬方，认为沪方理由不成立，主张将火车站设在江南盐仓门外建船厂位置。甬方担心车站若设在江北，不但要受洋人制约，更虑"吾

从江北岸火车站驶出的火车，20世纪30年代摄（王之祥摄）

浙人出数百万血本而为洋人代兴码头，从此城内日索，洋埠日盛"[1]，认为车站设在江北是为人作嫁。后经汤寿潜、刘锦藻协调，沪甬意见始归一致。火车站最终建在江北岸傅家道头。

铁路何时开始建设，有不同说法。浙海关税务司柯必达记载，杭甬铁路于1908年开始匆匆建桥铺路，1910年因财力耗尽，导致工程停顿。但《鄞县通志》记载：杭甬铁路曹娥至宁波段，于宣统二年（1910）六月十五填土动工，1912年9月1日甬站钉道铺轨。

1912年12月22日，浙路甬段宁波至洪塘约9公里长的线路正式通车。通车此日，天气晴朗。自何家弄至车站一带旗帜晃漾，军乐喧闹，道旁观者如潮如海。会场高搭彩棚，柏叶连缀，交通部、浙都督暨各司及浙江旅沪学会均派代表莅会。宁波旅沪诸公乘轮来赴者、西宾参观者、男女来宾之观礼者不下二千余人。九时典礼开始，《四明日报》经理王东园带领全场齐呼："浙路万岁！民国万岁！总统万岁！"汤蛰仙先生宣布开会，铁路公司代表报告甬路情况，各方代表纷纷演说，致祝词。十一时二十分

---

[1]《宁波文史资料》第十五辑，陈善颐《有关清末宁波火车设站来往信函四则》。

1913年的火车机车（龚维琳提供）

奏军乐，宾客登上首列火车，经庄桥抵洪塘，至一时开车回江北，沿路鸣炮脱帽，欢欣鼓舞，实为千载一时之盛。次年5月慈溪（今慈城）通车，1914年6月甬曹段全线通车。

英国驻宁波副领事皮尔逊在这一年的宁波贸易报告中说："铁轨由衡阳炼铁厂和美国提供。一个新的火车头是由德国建造的，火车车厢和主体附件是比利时产的"，"曹娥江上的桥梁建筑合同已与上海一家德国公司签订，预期能在1915年2月完工"。他还评论说："这条铁路上碎石铺得很好，但枕木铺得不够格，有的地方铺得不够仔细。总的来说，桥梁及地下水道的铺设工作还是做得很好。炼钢水平可以说已相当不错了。"

甬曹段全线通车后，火车站一带很快兴旺起来，出现了呦呦、华安、飞星、甬安、宁波、汇中、环球、甬江、普天春等旅社和菜馆，车行、商店、浴室等也开办起来，还盖起了兰江剧院和邮政局大楼，车站与码头之间开辟了车站路，车站与新江桥之间拓建了桃渡路，桃渡路很快形成繁华的商业街。

1927年时火车站接送邮件（来自《宁波旧影》）

　　火车站成了宁波又一个迎来送往的"大客厅"。1916年8月22日，孙中山先生由绍乘车到甬，同来者有胡汉民、邓家彦、朱卓夫、陈去病、周佩箴等人。1921年4月6日，美国驻华公使柯兰氏乘火车来甬访问，车站门首悬五色国旗，站外马路悬万国旗。火车抵站，汽笛一声，军乐齐作。

　　开业于1919年的普天春大旅社，以西餐见长，除了接待过美国公使，还接待过民国司法总长张耀曾、浙军第一师长潘国纲、联军旅长段承泽等人。而开业于1914年的华安旅社档次也不低，它临江而筑，客房内已有抽水马桶、西式浴缸、电热水汀、冷热龙头等设施。接待过国军第九师师长蒋鼎文、浙军一师二旅旅长余宪文、侨美巨商李慰等人。

　　虽然当时由于曹娥江大桥尚未建成，钱塘江大桥还未建设，杭甬铁路甬曹段通车里程不足80公里，沿线只有十三个车站，但铁路运行还是收益良好。至1917年，沪杭甬铁路局五年度的整体情况：净盈三十三万五千元，平均每日每里净盈三元五分，每资本百元净盈二元二角七分。宁波甬曹段铁路运行发展态势也不错，1929年9月22日《申报》

报道:"年来营业日见进步,兹悉该路账务处,昨日结算八月份全段收入款目如下:客票方面计洋四万六千二百八十元四角八分,运货方面计洋一万七千七百二十四元七角五分,两者共六万四千零五元二角三分,较去年八月份增多三千三百十元六角一分。"

甬曹段全线通车后,宁波至杭州的铁路仍有一大半未建成,主要受两个咽喉工程影响,一是曹娥江大桥,一是钱塘江大桥。1914年,德国工程师着手在曹娥江建桥,原定1915年竣工,但由于欧战,致使所购桥梁未能运到,只建起一座桥墩,工程就停顿了。欧战结束后,在青岛被日本扣压的桥梁经交涉后可派员领取,工程恢复施工,仍由三山桥梁公司继续建造,刚完成过半,1920年9月桥脚被潮水冲坍,工程又停了下来。

1934年8月8日,钱塘江大桥动工兴建,为确保全线贯通,曹娥江大桥也于1936年改委建筑塘钱江大桥之康益洋行继续承造,计划预定1937年6月底以前完成。

当绍兴的曹娥江大桥第三次兴建正在紧锣密鼓地进行时;

当杭州的钱塘江大桥即将建成时;

当上海的沪杭甬路局为沪杭甬全线不久即可通车,原有客车将不敷应用,向英国购来数十辆客车时;

当宁波人民信心满满地期待"民国二十六年(1937)双十节即可展至杭州,与沪杭段衔接通行",火车可由宁波直达上海时;

当计划在杭绍段全线落成后,即着手兴建由虞洽卿先生提出的三北支路,同时准备将铁路线从孔浦延伸至镇海,并规划将铁路经南田、宁海延伸至福建省时;

全面抗战爆发了!为阻止日寇东进,在杭州,通车才三个月的钱塘江大桥被炸毁;在宁波,一年后也不得不把历经千辛万苦,耗费巨大财力、物力建起来的铁路,用自己的双手拆毁。

自1937年11月12日起,日寇在宁波市区进行了七次大轰炸,前两次轰炸的目标针对火车站。在日寇飞机狂轰滥炸之下,凝聚着宁波人民爱国情怀和巨大财力、物力建起来的火车站,以及火车站周边建筑,顿时

日寇飞机轰炸火车站（水银提供）

成为废墟。

  而即使到了此时，英国人的目光依然还盯着杭甬铁路，1938年11月20日《申报》载："沪杭铁路甬曹段，国军为防务关系，予以破坏后，英方拟向中国租借路权接办通车，曾一度派工程师前往视察。"从1898年签订《苏杭甬铁路草约合同》至此，已整整过去40年，英国人染指杭甬铁路之欲望，依然没有消失。

  抗战胜利后，尽管宁波人民和本地政府迫切想恢复铁路，但《时事公报》载，1947年时，"唯因抢修华北各干线，所需轨料至急，杭甬段所需轨料，一时无法分拨，暂难修复"。1948年修复杭甬铁路议案虽经省参议会通过，并经政院翁院长允准设法拨款建筑，但财部王部长表示年内恐难动工修筑。事实上，风雨飘摇的国民党政权此时已顾不上修铁路了。

1958年，新的宁波火车站建成，但它已搬到南门祖关山一带，萧甬铁路于1959年9月29日全线通车，江北岸的火车站遗址改建成为公园。

2008年，因大庆南路拓建，老火车站最后一处遗存——车站工程处洋房将被拆除，拆除前请来同济大学古建筑专家制定保护方案，最终进行了整体切割迁移保护。文保部门表示该建筑不久将再现昔日的光彩，但时至今日，未见复建。笔者以为，如果将其以废墟建筑的形式迁建到江北公园内，再增添一些路轨、信号灯、扳道岔等铁路设施，安放一台老式火车头，将江北公园改造成为铁路专题公园，让人们在一百多年前火车站的土地上，缅怀宁波铁路建设的历史，感受先辈当年建造铁路的爱国情怀，了解日军侵华暴行，这个公园将更有文化价值和历史意义。

【十五】 船公司

旗昌码头及"舟山"轮，1875年前摄（来自《宁波旧影》）

由车站路东端向北，左侧的美术馆改建前是宁波港客运大楼，更早的时候则是招商局办公楼和栈房，右侧江边原先是招商局江天码头。宁波港的中心发展到外滩时，从新江桥到庆丰桥约2.3公里的岸线上，有华顺、江天、北京、宁绍等大大小小十余座码头，这些码头边曾前前后后出现过旗昌、招商局、太古、立兴、宁绍、三北、永宁、镇海、永川、宁海、利涉、宁象、甬利等几十家船公司。如果将港口比作一座舞台，这些船公司就是舞台上的戏角。

第一个在宁波港粉墨登场的，是依靠经营鸦片、茶叶和生丝起家的美国旗昌公司，它在中国设立了第一家轮船公司，总部设在上海。1862年，旗昌公司"孔子"号轮船首航宁波，行驶不到三个月，这艘轮船先后更名为"西太后"号、"杨憩棠"号，据说因为老百姓对这些名称敬而远之，导致生意萧条。一度停航后，旗昌公司在1864年投入"江西""湖北"两轮，在沪甬线对开。这次顺风顺水，生意逐步兴旺，先人一步的旗昌公司拔得头筹，银子赚得钵满盆盈。1862年至1877年被称为旗昌时代。

1875年，第二个主角上台，中国轮船招商局购"大有"轮投入沪甬线。稍后，丹麦宝隆洋行、英商太古洋行也先后登台。沪甬线的航业就此展开

招商局江天轮(龚维琳提供)

竞争。轮船招商局系官督商办,有李鸿章撑腰,漕运业务基本由其垄断经营,有这稳定而持续的漕运收入,招商局在成立之初就能从容应对洋商的倾轧。1876年1月15日《申报》载:"本埠往宁波之火船所有搭客水脚向本每位两元,嗣以招商局与旗昌相赛,遂减至半元。现在旗昌又减至一角。夫千里程途,些须舟资即可往返,客亦何乐如之。本埠宁人回家度岁,遇此巧便,想必欲尽整归装矣。"旗昌公司能将票价由两元减至一角,可见先前的利润之丰厚。过了几招后,旗昌见招商局后台硬、实力强,不好对付,便不与其继续血拼,选择全身而退,次年以220万两银子的价钱,将家当卖给轮船招商局,抽回资金到美国西部投资铁路去了。丹麦的宝隆洋行也支撑不住,其"彭格海"轮只航行一年就退出竞争。从此中国涉江浮海之火船,约有一半为招商局所属。

"旗昌""宝隆"撤出后,沪甬线就剩下招商局与太古两家船公司,双方时而竞争,时而联合。1878年,招商局一度压倒太古,垄断沪甬线。1879年双方达成协议,由原先为抢生意,各自投入两条船运行,改为各家只出一轮行驶沪甬线,但这协议没能维持多久。1890年,英国怡和洋行的"高升"轮也投入沪甬线,此轮在1894年甲午战争中被日本海军击沉。

招商局码头（徐韧提供）

英商太古公司的获利，也吸引了法国商人，1906年，法国立兴航运公司的"立大"轮也参与竞争，英国领事麦迪莫在当年度宁波贸易报告中说："9月，一家法国轮船公司派遣一艘轮船在上海——宁波航线开航，它与中国招商局的船同一天离开，主要对手就是这家公司。中国船的船费和运费都立刻降低。"竞争导致票价大幅度降低，普通老百姓也能坐得起船了，原先很少往来于上海与宁波的人也开始走亲访友，客源大增。

由于法国轮船的码头距新江桥最近，占有地理优势，再加上"立大"轮舱位条件优越，环境舒适。招商局为了应付竞争，不得已也对客船进行了改造。但此时的招商局，似乎没有了当年与旗昌公司竞争的锐气了，只有接招的份，没有还手的力。

1909年，宁波港这个"我未唱罢你登场"的舞台上，又出现了一个更加精彩的角色——宁绍商轮公司。宁绍公司由"赤脚财神"虞洽卿创办，清政府原先不允许民间进行轮船运输，直到庚子新政时期，才逐步解除华商行驶轮船禁令，已有相当社会资源和经济实力的虞洽卿，不失时机，于光绪三十四年（1908）发起成立宁绍商轮公司，筹款150万向福建船政局买进2641总吨的"宁绍"轮，翌年又从中国商轮公司购进1585总吨的"甬

虞洽卿像

"兴"轮,两轮对开沪甬线。据说虞洽卿兴办宁绍商轮公司,一是因为当时沪甬线的船票依然太贵,即使是统舱票,也需一元大洋,而那时一石米才卖四五元。二是因为船公司服务不佳,尤其是对中国普通百姓,常有欺凌行为。虞洽卿初次去上海,曾受到过歧视。吴锦堂也说:"鄙人在外三十余年,屡闻沪甬航业权操诸外人,种种虐待情形有闻所未闻者。"在"高价"和"不满"中,虞洽卿看到了商机。1909年7月10日"宁绍"轮首航,场面非常热烈,《申报》报道:"宁绍商轮二十三日由申开往宁波,念四晨抵镇海口,即由炮台及水师兵轮营船放炮欢迎,进口后凡所过镇海大道头梅墟等处,均由各商界及学堂沿江升旗燃炮庆贺,距甬江北岸二里之遥,岸上一带参观者数万人,码头上则有提道、府县、英领事、税务司及中西各绅商前来道贺,江天立大两轮,亦升旗志喜,诚盛举也。"

由于宁绍公司将统舱票价定为五角,且服务也比较周到,又宣扬是宁绍人自己办的船公司,很快就后来居上,赢得市场。但也立即受到"太古""立兴"和招商局三家船公司的联合反击,为了挤垮宁绍公司,三家公司仗其财力雄厚,竟将统舱票由一元降到两角。

"太古""立兴"是外资,资本实力雄厚,财大气粗;招商局此时仍系

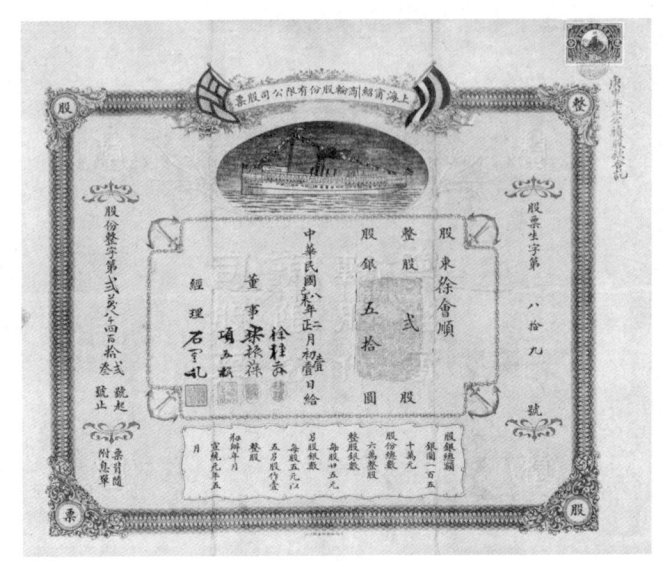

宁绍商轮公司股票

官督商办,背景靠硬。宁绍公司则纯粹是民营企业,实力不强,后台不硬。面对来势汹汹的倾轧,宁绍公司在票价上无法硬拼,就扬长避短,打出"乡情牌"和"舆论牌"应对。

宁绍公司的创办人大多为本地旅沪绅商,发达后在家乡做了不少善事义举,口碑不错,在旅沪同乡中也有较大号召力。所以,面对宁绍公司的困境,沪甬两地同乡积极支持宁绍公司,成立航业维持会,募集10多万元现洋,贴补船票,形成了阵营庞大的经济后盾。

宁绍公司积极寻求舆论支持。三家公司压价后,票价低于"宁绍",1910年7月10日《四明日报》评论指出:低价并非是三家公司对宁绍人有特别感情,而是为了压倒宁绍公司,若是真有感情,三家公司老早就该低价了。正是因为宁绍公司的存在,才会出现低价。宁绍公司存在一日,低价才能维持一日。一旦宁绍公司失败,"三公司今日价格之低廉且将取偿于后日"。

对不坐宁绍公司轮船的官员,航业维持会还登报进行谴责:"宁绍人千辛万苦创办的宁绍公司,不但我们宁绍人要乘坐该公司船,凡来宁绍地区的官员,也应当体察我们宁绍人之心,而同其好恶。今水巡道某官员来

标有"爱国爱乡"的宁绍商轮公司船票

宁,不乘坐宁绍人所好之船,而乘坐宁绍人所恶之船,本郡官场皆不至码头相接。航业维持会不但将此事禀告抚宪暨劝业道,还登报广告、分布传单,使宁绍同胞都要知道:宁绍台道的客官不乘坐宁绍公司之船,即不受欢迎,而生于斯长于斯乡亲更当爱护宁绍公司。"

　　航业维持会的资金贴补,社会舆论的积极推动,宁绍同乡的大力支持,使宁绍公司站稳了脚跟。1910年8月7日,宁绍航业维持会在宁波天后宫开周年纪念大会,绅学军商工各界到者共五千余人。张让三与上海航业维持会长吴锦堂的代表人孙梅堂相继发言。张在宣布会议宗旨后说:"宁绍公司开办至今,经营极为发达,而两轮之坚固,船上招待之勤慎,实为他公司所未有,洵我宁绍人之福也。"孙在报告航业维持会办理情形时说,"宁绍公司成立以来,虽有他公司跌价倾轧,而我宁绍人众志成城,总以货装宁绍、人乘宁绍为宗旨,而敝会复于申、甬两处出售船票,以为补助,然犹恐两船接待之不周,布置之未善也。复由敝会干事员各尽义务,轮班随船稽查,凡轮行之迟速、水脚之多寡、茶房之勤惰,由随船员填写报告册,随时改良,渐臻完备。此外有同乡实在无资可归者,亦酌给船票。鄙人忝为代表,才识浅暗,赖众君子之力,克成斯会,非为宁绍公司计,

> **本郡通信**
>
> ○好義與好利之人格　甯紹公司之設皆由甯紹人之團體日前有上海英大馬路榮昌祥號主王運才向公司售船票墟欵分銷爲數甚鉅具見好義之忱而不謂有好利不好義之童祥春童某者慈邑東鄉富紳也前月廿八由申返甬竟舍甯紹船而乘他輪兩相比較其人格之高下誠不可同日語矣

1910年《四明日报》声援宁绍公司的报道

实为我宁绍两府同胞计此也。"此后，因为"甬兴"轮船身小，煤耗大，赢利差，吴锦堂又提议订造新船。1912年，宁绍公司向上海英商瑞熔船厂订造3407总吨的"新宁绍"轮，实力更增。民谣云"宁绍斗太古，乘船不再苦"。其实，宁绍斗的不仅仅是太古一家。

这次商战，宁绍公司挺住了，而看上去颇具实力的法商立兴公司反倒趴下了，"立大"轮1911年被太古公司收购，改名为"新北京"轮。太古公司老谋深算，几次竞争中一直处于"不倒翁"的地位。但在20世纪20年代特别是五卅惨案后，由于英国与日本沆瀣一气，"新北京"轮被宁波人视为仇轮，多次因罢工停航。1927年6月，太古公司因调换买办引发工潮后，将老茶房全体停歇，引起甬人公愤。安旅工会对英商施行经济绝交，停止装载"新北京"轮货物，宁波人也拒乘该轮，并联络上海方面与宁波联合行动。6月10日"新北京"轮一货未运，一客未搭，空船驶甬。但太古公司宁愿牺牲营业停航，也不接受工人条件。停航三个月后，"新北京"

宁绍商轮公司广告（来自《鄞县建设》）

轮仅载二三百人，二千余件货又离沪赴甬，《时事公报》闻讯，在"新北京"轮到达宁波前一日，发表评论，号召"凡有人根人气而不是冷血的，决不再乘坐、载货或服务于新北京轮，凡疾恶如仇、痛心那些走狗的、助纣为虐的，决不忘记把逆产充北伐军费以儆效尤。"宁波收回航权运动大会则要求各报关行不报装仇货，码头工人不起卸装运仇货，并派人在火车站、新江桥等处劝告旅客不乘坐仇轮，此日乘"新北京"轮去沪的乘客仅二三十人。

为了抵制"新北京"轮，收回内地航权，宁波提倡国货会、抗英急进会等组织，还发动沪甬两地同乡，成立"宁波航业公司"，租"甬兴"轮更名为"中山"轮，行驶沪甬线。但声势浩大的抗英运动，由于种种原因，最终仍未能将太古公司"新北京"轮逐出沪甬线。

但使人想不到的是，在20年代末30年代初，一直标榜"以利同乡"的宁绍公司，竟然不顾甬埠各商业团体反对，多次与"太古"等船公司一起联手加价，在本地引起很大义愤，宁波各业群起反对，并成立反对增加水脚后援会，责问宁绍公司主事者：当初组织宁绍公司，其目的是为了打倒帝国主义经济垄断，谋宁绍人之福利。"宁绍"依靠本地两邦人士煞费

太古公司新北京轮，原为立兴公司立大轮（孙连工提供）

心力，热心维护，方得告成，并誓永不加价。今宁绍公司忘其创设初衷，只图自己利益，不顾公众损害，竟敢公然与帝国主义联手，真是丧心病狂、狼心狗肺。本地报纸也评论，宁绍公司将"阿拉宁波人的台，是已一直坍到上百代的祖宗"。后援会警告，若"宁绍"一意孤行，则或以租购商轮自运，或将行使股东职权，将"宁绍"收回自办。迫于各方压力，宁绍公司才作了让步。可见资本终究是逐利的。

【十六】医院

外滩江天码头招商局旁边，在二十世纪二三十年代，有一家光华医院，创设于1927年，系杨传炳、杨传华开办。院长杨传炳出身于中医世家，毕业于北京协和医科大学。这位医学博士，曾在体生医院任过五年院长，后创设鼓楼医院、传炳医院，还在山东齐鲁大学任过教授。1926年杨传炳自费留学美国华盛顿大学，归国后在外滩开设光华医院，医院的医疗设施先进，有从美国进口的爱克司光镜、美容施术机等，在江北岸一带小有名气。当时外滩及附近的海关、邮政、铁路等三大机构均属国家所有，职工福利相当优厚，看病可到"公司医生"处，不必花钱，其费用每年由单位包给"公司医生"。这三家单位都选择杨传炳作为"公司医生"，所以有"杨院长脚踏铁财交三部"之说。杨传炳还兼任宁波港口检疫医生。

其实，在民国时期，江北岸最著名的是仁济医院，医院坐落在新马路北侧，今泗洲路小学位置。现今学校旧门楼及石库门都是当初仁济医院原物。门楼足足有四层楼高，顶层设有钟楼，门厅前六根科林斯风格的柱子从地面一直撑到二层楼顶端，华丽而又气派。尽管门前的新马路比早先已填高不少，门两侧的樟树也已是浓荫如盖，但这幢西式门楼依然显得高耸雄伟，十分引人注目。据了解内情的人说，门楼上方匾额上原先镌刻的是"仁济医院"四个大字，出资建造者是海上闻人金廷荪、杜月笙，学校内那幢行政楼，曾经称作廷荪堂。

大约从19世纪初开始，尤其是在1840年至1940年百余年间，有一种疾病肆虐宁波城乡，这就

1928年光华医院广告

是霍乱。浙海关税务司墨贤理在其报告中说："每年都会有霍乱发生，1887年这一灾难达到惊人的程度，仅宁波府就有约2000名受害者死去。"1890年11月5日《申报》载："宁波于夏末秋初，时疫盛行，患霍乱吐泻者居多，死者已属不少。近来十家九病，呻吟床褥，惨苦难言。药铺门首买药者不啻蜂屯蚁聚。其病似风瘟，然以风瘟治之，辄不效，或兼痢疟，亦不能以痢疟治之，甬上少名医，往往束手待毙。"《鄞县通志》统计：1932年，仅鄞县一地霍乱患者就达9533人，死亡268人。据吴元章先生回忆，1946年，全国16个省受到了霍乱的侵袭，宁波属重病区之一，仅老市区就有4000多人受到感染，其中在西郊梁伯庙烧香许愿的一百多个善男信女集体感染，震动乡野，这年霍乱发病率高达2.7%，且半数为之丧命，凡年老体弱和怀有身孕者无一幸免。可见，霍乱的危害是何等严重。

霍乱这种疾病据说是从国外传入的，译名"虎烈拉"，俗称"虎疫"。老百姓对霍乱的恐惧程度，甚至比遇到老虎还害怕。这种疾病发病急、病势凶。几天前还在帮衬邻居抬棺材去墓地的人，几天后却被别人抬了去安葬。遇到患者死亡时间集中，棺材供不应求，甚至连箍桶匠也临时改做棺材。老百姓谈"虎"色变，毛骨悚然，恐惧万分。

但在清末，却没什么有效办法对付这种疾病，无可奈何之下，老百姓只得依靠求神拜佛，食香灰、喝神水、放焰口、行庙会等，祈求神灵保佑，免降病灾。墨贤理在海关报告中说："在宁波除外国人居留地外，对该病发生和传播的唯一预防方法是每年一次向神祈祷，人们认为神会对霍乱负责，神像被放在雕刻精致的镀金的椅子上，后面跟着一大队人，肩上背着乐器、旗帜、火红的长龙等，男孩和成年男子以戏剧性形式走着或骑在马上，形成绚丽的、一眼望不到尾的队伍。这一向神祈祷的仪式看来不会完全消失，那些幸免于霍乱的人都被归因于这一仪式。"

如果不举行这种仪式，老百姓就会担心遭受瘟疫，灾难临头。《申报》载："四月初十日五都元帅出巡，谓可免疫，宁之旧例也。现在首事之人，一因丙子年看会滋事，二因去年江北赛会酿成人命，三因各项生意清淡，拟暂停一年，而好事者未免扫兴，遂妄传今夏疫病必多云。""宁郡江北岸向不举行关帝会,因戊寅年民遭瘟疫,好事者以瘟疫之来恐系未奉神明出巡之故,特向该处各洋行及行号合资兴会,故名合兴会。""宁郡时症自迎五都神出巡后,现在稍见平安,惟乡间近亦盛行。故南乡栎社一带奉东岳大帝出巡,而江北岸亦于初五六等日奉关帝出巡,以祈人口平安云。"

因此,官府也常常用这种迷信方法来稳定人心。1887年9月3日《申报》载:"宁郡近因时疫大行,于初八日在大庙建醮禳疫。不意日来疫气较前更甚,往往子发丑毙,其速不逾一时,民情惊惶异常。刻闻宁波府胡练溪太守,为俯顺舆情之举,择于十六、十七等日,迎五都元帅遍巡城厢内外,以祛疫疠。又于二十日为始,在北门报德观重设醮坛七天,虔诚祈祷。阖郡斋戒,不但禁止屠宰,并将荤腥之类概行禁绝,以祈阖郡平安。未悉苍苍者能鉴此诚恳否也。"这种愚昧的做法直到民国初期才有所改观。

霍乱这种传染病带有季节性,所以也被称为"时疫",疾病在夏秋季节流行,尤以七、八、九这三个月为甚。为控制霍乱肆虐,阻止其蔓延,卫生界、慈善界以及相关社团组织的有识之士就募集资金,设立临时时疫医院,邀请医务人员义务应诊,以应对疾病流行。碍于当时的社会条件,临时时疫医院只能利用神殿、庙宇、寺观等建筑作为诊治场所,如郡庙、县庙和鼓楼、北门太岁殿、佑圣观、西门文昌阁、南门吕祖殿、灵桥门都神殿、江北财神殿、江厦滨江庙、江东太保庙等都曾作过临时时疫医院诊疗点。

据旧报资料,江北岸临时时疫医院1925年、1926年、1928年都设在财神殿,邻近的堇江春菜馆及居民恐有传染之虑,联名要求另择他址。1929年金廷荪、杜月笙出资在新马路同安桥租赁民居,创办了一家比较完善的时疫医院,房屋不大,可住五十余名病人,聘请本埠西医师杨钟甫为院务主任,傅仲明、董鼎松两医师为医务主任。时疫医院不分昼夜,随到随诊,病重者可电话通知医院护病车接诊,挂号、药费、膳费等,一概免收,其赤贫者,还酌送旅费车资。从这一年起,医治霍乱在江北岸就有了专门场所,医院开业月余即诊病人987人,打防疫针5300余人。这年秋末,时疫肃清,按惯例时疫医院将关闭,考虑到贫民就医乏力,医院仍继续开办,于是这里就成了仁济医院最初院址。次年,金廷荪等人又投资建设

仁济医院，1947年改办浙东中学（来自《浙东中学校史》）

新的仁济医院。

据海关报告，新的仁济医院建成于1931年，但开幕典礼却在1932年6月16日举行，《申报》报道："参加典礼者除院长杜月笙、金廷荪外，军政商学各界领袖共有七百余人，准时行礼。虞洽卿主席在来宾演说完毕时，忽起立提议以杜、金先生做偌大慈善事业，应捐资设立铜像，以留永远纪念，当场鼓掌赞成者甚众。闻此事即将组织委员会，在最短期间，以促其成。"这铜像后来是否设立，不得而知，从老照片看，医院甬道东侧的草坪中，曾立有一座纪念碑。

仁济医院与华美、中心、天生医院，当时被誉为宁波医院"四大金刚"。在这四家医院中，论环境和房舍，要算"仁济"最好。医院大门之气派在宁波首屈一指，进入大门是一条水泥筑就的甬道，甬道两边是花坛、草坪和荷花池。医院病房分三等，头等每天三元，包括医药、膳食费用；二等每天一元，内设两张病床；三等每天五角，多位病人住在一起。仁济医院还设有产妇休养室，每天五角，接生费只收一元。医院设备在当时宁波乃至浙江省，处于领先地位。医院设内科、外科、产科、时疫等科。有小手术室、电疗室、X光室。当时宁波地区拥有X光仪器的只有三家医院，仁济

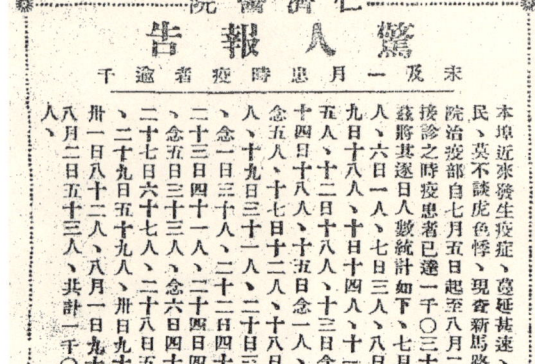

金廷荪像(来自《重建灵桥纪念册》)　1933年仁济医院启事　1932年仁济医院诊治霍乱报道

医院是其中之一。

仁济医院具有慈善性质,服务态度好,收费低廉,对赤贫者免费,每天到"仁济"门诊看病的病人多达数百人,由于医生少病人多,以致不得不在1933年2月登报公告,每日限诊150号。

1932年,宁波又发生严重霍乱,仁济医院治疫部自7月5日起至8月2日止,所接诊时疫患者就达1039人。据《鄞县通志》记载:为应对这次传染病,"全市设5家医治点,共收治10679名病人,治愈7790名,死亡225名(其中一医疗点仅就诊治人数作统计),而仁济医院收治5792名,占54.2%;治愈5721名,占73.4%;死亡71名,占31.5%。"仁济医院对"虎疫"的诊治不但起到了主要作用,而且医治效果也远好于其他四家医院。

令人遗憾的是,由于抗日战争爆发,仁济医院不得不于1940年迁到浙中永康,后来成为省立医院的重要基础,再没有迁回宁波。

江北岸除了仁济医院,还有一家天生医院,也是"四大金刚"之一。天生医院前身是英国循道公会办的一家教会医院,名曰"体生",开办于光绪十四年(1888),位于颜公渠东,东南近石板行跟。这个地方当初是城郊,地段冷清,人烟稀少。医院似乎一直不景气,1920年11月,因筹捐接济

体生医院旧址,2015年摄　　1925年体生医院广告

经费停止,医院拮据万分,时届冬季,病床及相关器具不堪使用,万般无奈之下,从上海租借卓别林、开司东等著名影片,演剧筹款,想用所得票资充医院经费。1922年,支撑不下去的英国人燕乐拔医师打了退堂鼓,离甬回国,医院难以为继,行将停办。原在慈溪保黎医院任院长的吴莲艇先生闻讯后,于次年春向循道公会租赁了这家医院。

  吴莲艇接手后,诊务迅速发展,为了适应事业的需要,他购入体生医院全部财产,并扩建院舍,添置设备,将医院更名为"天生"。后来又添置X线诊察机、深浅X线治疗器、长短波透热电疗机、人工太阳灯、热光灯等,其理疗设备在20世纪20年代末为全省之冠。自吴莲艇接办以后,昔日冷清的石板小路,人来人往。颜公渠旁的埠头,成了镇海、慈溪一带病人的上下船之处。连余姚、上虞、奉化、宁海、象山,甚至海岛舟山也有人前来看病。据不完全统计,在吴莲艇任职的17年中,医院诊治病患逾30万人次。"中医要看范文虎,西医要看吴莲艇"成了本地民谚。1951年10月,天生医院停办,一度改为机关干部疗养院,其址后来由白沙路小学、部队和居民分开使用。划给部队的建筑现保存完好,且很有特色,但遗憾的是尚未列入文保建筑。

江北岸还有一家惠婴产科医院，坐落在新义路，开业于1934年3月，院长褚慧英，医务主任胡韵琴。褚慧英毕业于上海同德产科学校，毕业后在仁济医院产科工作两年，后在其父褚起贵支持下开设此院。医院开业时，鄞县县长陈宝麟等各界名人数百人到现场祝贺，宁波青年会总干事倪德昭司仪。惠婴医院应该是本市第一家产、妇专科医院。在20世纪30年代，社会依然不太接受助产师，妇女生产，大多依靠稳婆（接生婆）。为此，当时的内政部有培养助产师和取缔或训练接生婆之举，但实施以后，实效很差。据《鄞县通志》记载，由浙江省立医院与鄞县县政府合办的平民产院，在1934年下半年到1935年上半年的一年时间中，仅助产74婴。所以，惠婴医院开业时，陈县长自然大大鼓励一番，要求助产师应抱有牺牲精神，负起推行新式接生的责任，并号召社会各界知识阶层应共起提倡。

另外，还有几家规模较小的医院，如华美医院首任华人院长任莘耕先生，1931年曾在傅家道头美孚行旧址兴办任莘耕医院，后因环境欠佳，于1934年将医院迁建到玛瑙路86号，1920年创办于李家后门的同德医院，傅家桥下杨传贵的太平医院，以及强民医院、红十字医院等等。

外滩虽然是西风东渐的登陆地，但传统中医仍占有一席之地，中马路上，有"存济堂""永勤德堂"等国药号，甬上名医钟一棠及其兄钟一桂都曾在"永勤德堂"坐堂门诊，悬壶济世。钟一棠先生在"永勤德堂"坐堂长达十年，医人无数。"永勤德堂"位于中马路220号，原招商局后面，惜如今已难觅踪迹了。

【十七】 邮政局

宁波一等邮局南立面（来自《宁波旧影》）

  由江天码头北行约 200 米，在外滩大桥西堍南侧，有一幢券廊式两层洋楼，面朝甬江，背靠中马路，南依以前的屠家巷。洋楼设计颇具匠心，屋顶是极为少见的八面坡，在相同坡度下，降低了顶脊高度，使屋顶与屋身的比例更加协调；廊拱有弧线、半圆线，还有旋轮线，富有变化；色彩青红相间，正立面以红色为主调。这幢灵动而又不失庄重的洋楼，既是宁波十佳优秀近代建筑，又是省级文保建筑——邮政局旧址。

  邮政局旧址其实不止一处，距此北面约 130 米远，现今称之为"朱宅"的这幢文保建筑，其实是一座历史更为悠久的邮局，早在 1914 年，这里就已经是邮局所在地，1927 年宁波的一等邮局也设立于此，此建筑作为邮局使用的历史不少于 34 年。根据外滩旧影判断，"朱宅"建于 1870 年前后，是宁波外滩的第一批建筑。但它是否就是当初海关的拨驷达或大清邮政所在地，还有待考证。而说"朱宅"是旅沪巨商朱葆三之宅，恐怕有点不靠谱。

  我国书报的传递，在邮局建立之前，官方凭借驿站，民间则依靠信局。信局与邮局的关系，有点类似于钱庄与银行的关系。宁波信局在中国邮政史上的地位，丝毫不比宁波钱庄在金融史上的地位逊色。但可能是受

宁波一等邮局东立面（正面）（来自《宁波市志》）

影视作品影响，宁波钱庄名气很大，而信局却默默无闻。其实，信局也该是宁波人的骄傲，据《鄞县通志》记载，信局由甬人首创，"为宁波人独占"，并以宁波为中枢而执其牛耳，其业务几遍国内。镇海人郑景丰所设全盛信局，被称为"天下之人无不知全盛，天下之人无不信全盛"。宁波信局兴旺时期，数量达125家。在信局之外，宁波还兴起过经营项目比民信局更广的信客业，民国初曾设有"宁波七邑信客联合会"。

不但在信局、信客业上宁波人可引以为傲，中国邮政的建立，宁波也起了不小作用。从某种意义上说，大清邮政的建设"蓝图"，就是在宁波江北岸外滩绘就的。大清邮政开办之时，受命"专司其事"的总税务司赫德在其海关通令中"表扬"了三个人，其中两位"功臣"都在宁波江北岸外滩工作，一位是浙海关税务司葛显礼，一位是税务司华文文案李圭。

葛显礼是英国人，1862年起在中国海关任职。后任税务司墨贤理在谈到邮政建设时说："1884年到1886年间，经过大量耐心细致的研究工作，葛显礼先生细致地提出了建立一个具有全面发展、功能完备的全国性邮局的计划，并吸收了许多国外邮局的工作模式，承认国外邮票，如果可行的话，中国还将加入邮政联盟。这些计划被中国高层官员所接受，但在

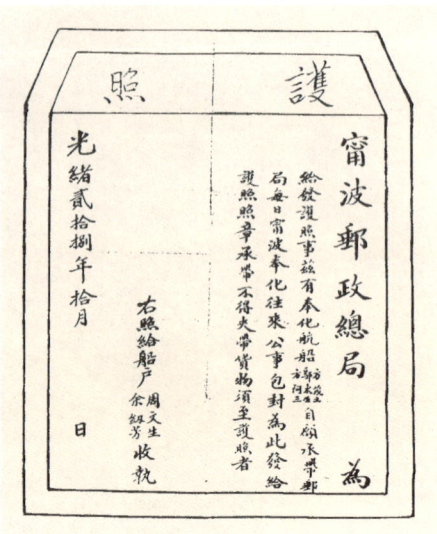

1902年宁波邮局航船兼邮护照（来自《潮涌城北——近代外滩研究》）

上海却遭到外国商人团体的反对而被暂时搁置。"这段时期葛显礼在宁波任税务司，他频繁地向赫德提出邮政建设的意见和建议，赫德也与其多次讨论"设立国家邮政局问题，并详细筹划全国性邮政局的规模、业务范围、费用，连各地分局的设置和邮政区域等级都做了通盘考虑。"[1]可见，葛显礼的这一全国性的邮政建设计划，是在宁波工作期间完成的。葛显礼还自信地向赫德自荐："因为我对国家邮政局这个复杂问题研究过，比对邮政局工作和万国邮政公会规章知道得较少的人，可能具备较有利的条件。"[2]1896年，光绪帝下诏正式开办国家邮政，葛显礼出任海关造册处税务司兼邮政总办，成为清朝首任邮政官。

李圭，字小池，江苏江宁（今南京）人。《申报》评论他"性倜傥，有振衣千仞冈，濯足万里流之概。平时崇论闳议，……阅者几至五体投地，同声叹服"。1876年5月，在浙海关供职已十年的李圭，因通谙英语，受海关总税务司赫德委派，前往费城参加"美国建国百年"世界博览会。旅程中李圭将《东行日记》寄给《申报》连载，引起社会广泛关注，李圭的见

---

[1] 卢汉超著：《中国第一客卿：鹭宾·赫德传》，上海社会科学出版社2009年版，第106页。
[2] 胡丕阳、乐承耀著：《浙海关与近代宁波》，人民出版社2011年版，第389页。

李圭像

闻和对新事物的论述，使国人耳目一新。回国后根据日记，李圭在宁波写成《环游地球新录》，获得李鸿章赏识并为该书作序："途中所历，皆有记载，是役也，水路八万二千三百余里，往返凡八月有奇……"李圭对邮政方面有浓厚兴趣，他在华盛顿认真考察了美国的邮政局，在《环游地球新录》中作了详细介绍，重点介绍了美国邮政局的设置及诸项业务和实施办法，认为国家邮政最本质的一点，就是"合公私而一之"，亦即"国家专营，官民公用"。李圭列举中国当时驿站之弊端，提出建立现代邮政，以利国便民等主张。1885年，在葛显礼主持下，李圭将《香港邮政指南》译成汉语，并凭借对西方邮政的研究，结合中国实际情况，写出《译拟邮政局寄信条规》，对十几种邮件的规格、特征、资费等做了详细的规定。李圭的这些作为，对中国邮政的建立起到了极大的推动作用。1881年李圭还在宁波创办过《甬报》。

李圭既是葛显礼的文案，又是时任宁绍台道台薛福成的洋务委员。大清邮政的建立，薛福成也功不可没。浙海关税务司墨贤理在1891年报告中说："中国还没有成立国家邮政局，……将来当它成立时，则应归功于前道台薛福成和税务司葛显礼先生的努力。"薛福成在宁绍台道兼浙

薛福成像

海关监督职位上长达五年,被誉为清代全国关道中第一"能员"。他到宁波次年就关注英、法邮政机构的"客邮"活动,认识到设立国家邮政局的重要性和必要性,认为办理邮政是国家责任,也是国家主权的一部分,各口岸存在的许多外国邮局,有损国家尊严。1885年6月20日薛福成照会葛显礼,向其了解有关开办国家邮政的各方面情况,并将葛显礼的创办邮政计划,通过南北洋大臣向总理衙门作了报告,获得直隶总督李鸿章、两江总督曾国荃、闽浙总督杨昌濬和浙江巡抚刘秉璋等人的支持。薛福成对葛显礼推动不小,葛曾说:"如果不是当地官员提出这个问题,征求我对于设置国家邮政局和撤销外国在华邮政机构的意见,我对于海关的邮递工作已经不准备再采取什么行动了。"[1] 薛福成虽为一地方官吏,对创办大清邮政不遗余力,积极穿针引线,作用不可低估。

　　1897年1月29日,在税务司的支持和指导下,宁波大清邮政局在外马路海关内成立,为使老百姓了解和接受这一新生事物,邮局在《甬报》上作了至少长达一年的广告宣传,内容有邮政章程摘要、解释,以及各种书信

---

[1] 胡丕阳、乐承耀著:《浙海关与近代宁波》,人民出版社2011年版,第376页。

邮寄资费等。经过四五年运营，宁波的大清邮政度过"蹒跚学步"阶段。浙海关税务司佘德1902年在报告中说："现在其规模和重要性正在扩大。除一名外国职员外，大清邮政局的所有工作都由中国员工担任，目前有30—40个雇员。由于许多分局的建立和本地费率的降低，邮电业正一天天地发展。"又过十年，邮局建立的机构由5家发展到177家，经手的邮件由41万余件增加到730万余件，经手的包裹从不到2千件增加到6万余件。

1911年大清邮政局划归新成立的邮传部管辖，5月4日宁波邮政副总局成立，从此，海关仅对邮政信件进行监管，不再经营。邮局正式成立后，外国人开设的客邮依然如故，民信局仍旧营业，直到1922年底，各国才按约撤销客邮；而民信局直到1934年底才废止过磅条例。邮局的建立在中国经过漫长的时间，这与海关总税务司赫德的指导思想有关，赫德认为："国家邮政虽经最后核准开办，惟当其始也，仍须极度稳健，并宜温和推行，缓缓发展，倘于策划进行步骤之时，能不因予现有民局组织以不必要之干涉，致损业此者之生计，及予官方暨政府以烦扰与困难，从而避免摩擦，则将来必有一日可见国家邮政之广泛推行，且深为人所赞许，国人既可于其发展中获致日常之便利，政府亦可得一有用之仆役，而在此人众而勤勉与爱好文学之国家，更将得一永不竭蹶之财源。"[1]由于民信局、"客邮"的存在，地方保守官员的反对，赫德不想急于求成，他说："我完全相信我的计划是稳妥的，我的步骤不但是明智的，而且是唯一走得通的，为各方面的利益计，我们应该效法的是龟行，而不是兔走。"

邮政渐推渐广，业务逐步发展，宁波邮政局除了江北岸总局，还在日新街和鼓楼前设立了支局。当时邮局的工作十分吃香，1930年因裁汰年老邮差，产生五名空缺，尽管邮差工作并不轻松，但投考者竟达109人之多，投考者有中学毕业生、分署巡士，也有失业文牍员。

邮政业务扩大后，原有场所不敷于用，总局又增租一处营业场地，这就是现今作为邮政局旧址保护的那幢建筑。1937年1月又在江北岸车

---

[1]《现代邮政》第二卷第四期（1948）。

车站路邮局

站路建设邮政局大楼,这幢大楼在抗战期间两次遭敌机轰炸,受损严重,沦陷时又被日寇占据,用作日本国民学校,原有装设,悉遭拆毁。抗战胜利后邮局花大力维修,直到 1947 年 9 月 8 日才迁入办公。同日,本文开始所言之"邮政局旧址"和"朱宅"这两处邮局结束办公。

[十八] 工　厂

邮政局南侧有条屠家巷，向东是外滩永宁码头，向西穿过中马路，再经过曲曲折折的几个弯，临近后马路处，便是大名鼎鼎的顺记机器厂。顺记机器厂早期也称顺记铁工厂，是一家主要为船舶维修机器的工厂。虽然它比开设在江北同兴街的宁波第一家机械工业厂家——广兴祥铁厂，迟开张三年，但却能抓住机遇，迅速发展，成为宁波机械工业的龙头老大。

顺记机器厂落户在外滩之前，已经有二十多年发展史。最初它只是一爿从事洋锁、洋箱、洋龙等机器零件修理业务的铜匠店。店主王宝全是镇海人，做过海员。小店开在江北岸周家，店名"广德兴"，店中设备简陋，仅有手摇钻床一台、台虎钳两只和打铁工具一套。小店先后收了三个学徒，小徒弟徐荣贵，学徒期满后到上海给洋商做临时工，后在海龙轮上任"老轨（轮机长）"。1900年春，王宝全病故，临终前嘱托徐荣贵以徒代子，办理丧葬事宜，继承铜匠店。徐听从师傅遗言，办好师傅后事，就辞去原先工作，筹借银圆二百元，租来车床，加上"广德兴"原有设备，在江北岸马栏桥（今车站路玛瑙路口）独资开设顺记机器厂，开始经营机器修理业务。由于那时没有动力设备，车床、钻床都用人力摇动，只能承接一些小修理生意。

机器厂开张没几年，列强在欧洲相互争斗，挑起了第一次世界大战，我国民族工业和交通运输业趁机发展，机器修理需求增加。徐荣贵看准这个机会，召集朋友合伙经营，集资银圆5000元，先后从上海购进旧车床四台，并自制柴油机，增设锻工和木模。为便于承揽业务，1915年秋将工厂迁到了外滩花墙弄、屠家巷一带（一说迁到北京码头）。此时工厂设备完善，技术力量增强，职工增至30余人。本地船业和工厂一些大的修理业务就不再到上海去，而是由顺记厂承做了。

顺记机器厂最主要业务是船舶机器修理，这项业务因受船期影响，客户要求很高，不仅要保证质量，对时间要求也很严苛，所谓"抢修似救火"。徐荣贵在长期经营中，掌握了"争时间，保质量"的要诀，首先是确保工厂有完善的设备，所谓"工欲善其事，必先利其器"；其次是未雨绸缪，在未接

修理船舶（王之祥摄）

业务前，事先准备好主机各种零部件的半成品；再一个就是增强技术人员力量，对出厂零部件严格检验，把好质量关。由于维修机器又快又好，能减少停航损失，顺记厂很快主导了市场，即使开价略高于其他机器厂，客户还是乐于由其承修，久而久之，顺记机器厂逐步形成垄断局面。宁海轮船局、外海水警局、三北轮埠公司、永宁轮船局、宝华轮船公司等五家公司所属机轮20余艘，又加上和丰纱厂、永耀电力公司、通利源榨油厂、宁波冷藏公司、太丰面粉厂等五家工厂的大小修理业务，均由顺记厂独家承做。

  20世纪20年代，顺记厂为宁海轮船局改装三艘海轮，改装太古、招商、宁绍、三北等公司所属码头，开展机轮不停航的小修理，将青年会小汽车改装为救火车，这些业务曾作为新闻传扬，名噪一时。1924年，顺记机器厂加入大中华民国机器公会，成为天字号会员，领得银质会员章一枚，于是就有了"上海恒昌祥，宁波顺记厂"一说。鄞县机器工业同业公会成立时，徐荣贵成为公会理事长。1930年，顺记机器厂与另外四家厂商一起集资六万元，合伙在江东冰厂跟创办"宁波轮坞公司"，营建了一座长

宁波轮坞胡发记船屋（王之祥摄）

200英尺，宽60英尺，深12英尺的船坞，徐荣贵任轮坞公司副经理。有了这座船坞，顺记厂的经营更是如虎添翼，盈利大增。抗战期间，顺记机器厂还参与镇海炮台改造和杭甬铁路线桥梁加固加强工程。

1938—1940年，为防止日寇入侵，镇海口和拗猛江等处打桩沉船，设下三道防线封锁，海运受阻，航业和工业处于半停顿甚至停顿状态，机器修理业务一落千丈。因抗战需要，部分机器设备被丽水、云和两地"浙江省联合铁工厂"收购，顺记机器厂从此由盛转衰。宁波陷落后，余下的机器设备不少又遭伪军修械所强拆，徐荣贵还被伪政工调查组敲诈，工厂摇摇欲坠。为图生存，顺记厂只得低价卖掉船坞。抗战胜利后，顺记机器厂依然缺少生意，就制造车床，不料没有销路，工厂更加困难，不得已又到上海开设分厂，但仍不能摆脱困境。

中华人民共和国成立初期，由于国民党政权撤退时将仅剩的少数船舶也裹挟而去，顺记厂没有轮船可修，只能面向农村，接一些农具、轧米机、发动机的修理以及榨油机改造业务。1950年顺记厂尚有33个工人，

宁波工厂工场（周达章提供）

由于工厂长期缺少业务，劳资双方都没了信心，资方打算"吃光算数"，劳方担心"闭厂失业"。1951年7月，顺记机器厂由国家收购，与另外5家工厂一起，合并成立"宁波铁工厂"，后改名"宁波动力机厂"。现如今，顺记机器厂在外滩的痕迹早已被彻底抹去，江北岸赫赫有名的动力机厂，也已改制更名后外迁至庄桥，唯有徐家的石库门洋房还留在江北岸鄞慈镇路旁，或许还能引起人们对顺记机器厂的些许追忆。

《鄞县通志》记载：当时宁波机械业共有七家，集中在江北岸，以修理居多，其代表性的企业只有两家，一家是顺记机器厂，另一家是宁波工厂。民国元年（1912），为了培养工业人才，经赵家荪、陈训正、李镜第等有识之士推动，宁波军政分府筹拨六邑公款，在原益智学堂旧址（在今日湖湖心堤东岸），创设鄞县县立高级工科中学，学校附设工厂，以便学生实习。工厂设立之初就开始生产新式煤油引擎（柴油发动机），有7—30匹马力各档规格。当时动力设备大多使用体积大、效率低的蒸汽机，宁波工厂介绍其柴油机产品"费廉效速，事半功倍，是最省费、最坚固的发动机，一部足

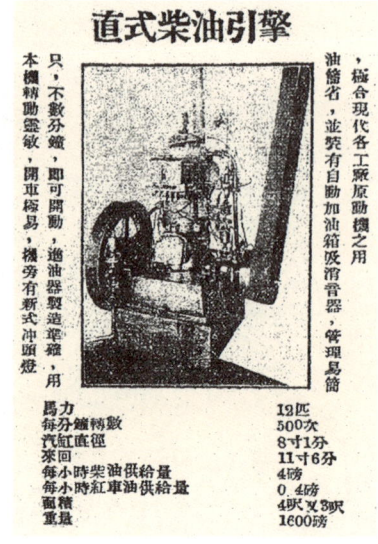 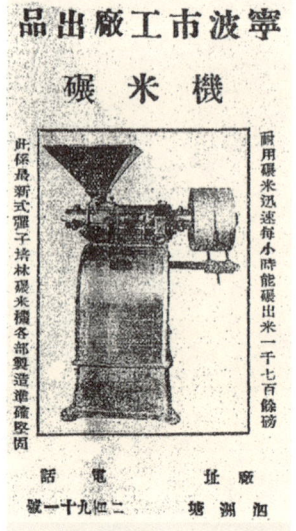

1930 年宁波工厂柴油机广告　　1930 年宁波工厂碾米机广告

抵数十人数百人之力。"宁波工厂还试制印刷、裁纸、碾米、砻谷、轧花、织布、制席等各种新式机器，并准备后续开展火车轮船上器械的定制修理，工厂后来还生产草绳机、木纱机、麻线机、抽水机以及车床、刨床和钻床，甚至还制造过小汽船。1916 年 8 月，孙中山先生曾到工业学校及宁波工厂视察，甚为赞许。

除了以上两厂，还有两家厂不得不提，一是光明烛皂厂，一是正大火柴厂，这两家厂据说均系天主教堂名下的企业。关于这两家企业，海关税务司柯必达在 1911 年这样描述："名为光明的肥皂、蜡烛厂建于 1906 年，拥有资本银 60000 两。在前两年中尽管有 4% 的红利，但却从来没有兴旺过。现在它仍维持着生产，但据说境况并不妙。正大火柴厂建立于 1907 年，资本银 40000 两。它生产多种火柴，且比进口的火柴便宜，在当地有稳定需求。到目前为止没有什么利润。"其实，"光明""正大"很可能同年开办。1907 年《申报》载："甬郡职商姚芳亭，近拟纠集股本，在甬江北创设光明烛皂有限公司。业已禀奉甬道张子遇观察批准，札饬鄞县出示保护，并照会商务总会立案矣。"两厂不但同年开办，还可能是同一人开办。据宁波火柴厂史料记载：正大火柴厂由当时一位传教司事姚方

南洋勸業會獎勵駐甬出品協會品物表

超等獎
甯波和豐紗廠 十二、十四、十六、二十支紗

優等獎
甯波正大公司 火柴
象山出品協贊會 十二、十六、四十四支紗
又涌久源 魚肚
溫州商會 茯苓
處州商會 木刻人物

金牌獎
甯波光明公司 洋燈洋皂
又生生 方傘桌
處福號 玻盤廚
又裕泰 几椅
又福康 玻壜廚
台州商會 泰順茯苓片
又青法學堂 衛生衣烟筒套
又文山學堂 機械圖畫
又文山學堂 石膏黏土手工

1910年"正大""光明"两厂产品获奖报道

庭任经理。"姚方庭"与"姚芳亭"字异音同,加之当时教内人数不多,是同一人的可能性极大。

1910年10月,两家公司的产品在中国首次举办的国际性博览会——南洋劝业会上双双获奖,"正大"火柴获优等奖,"光明"皂烛获金牌奖。但两家公司在创业初期都步履维艰,据说正大厂开业不久就停产,后由一家纸行租办,但又因业务外行而亏损关闭。光明皂烛厂虽勉强维持下来,但前景似乎并不光明,1930年元旦之夜,江北岸外滩信余汽油灯公司起火,殃及光明皂烛厂楼面两间,使其损失六百元。此后,没有发现它有什么兴旺的消息。

1912年,跟随吴锦堂在日本经商的徐惠生回国探亲,听说正大厂境况,感觉是个机会,毅然变卖三百余亩土地,筹资15000余元,租下"正大",盘入存货。他还添置设备,补充原料,请来两名日本技师指导生产。为了与前厂相区别,徐惠生把厂名改为"宁波正大新公司",并信心满满地在工厂大门口,亮出"正谋地方实业,大展平民生计"嵌字对联。

徐的运气确实不错,1913年重新开工生产,次年就遇上了第一次世界大战。西方各国忙于战争,无暇东顾,洋货倾销顿时减弱,给中国民族

宁波工厂生产的汽船（周达章提供）

工业的发展提供了良好机会。正大新公司趁机更新设备，增加工人，扩大生产，业务蒸蒸日上。见多识广的徐惠生一面创新火柴制造技术，提高产品质量；一面大力促销，他采用多商标运作经营，使宁波正大新公司的"浙江""童车""龙凤"等品牌的火柴大量销往华东地区。公司经营稳定后，徐惠生又陆续在上海、南京分别筹建"正丰火柴厂"和"正生火柴厂"，并在多地设立火柴销售分公司，在中国民族火柴工业中独树一帜。

1916年冬，徐惠生去上海发展，宁波正大新公司委托其外甥余东泉经营，后公司出现困难，又派侄儿徐日康管理，仍未改变局面，最后再派儿子徐日厪主持正大厂工作。徐日厪年轻有为，接任前曾在外地各分公司实习过，故而业务熟悉，行情了解。1930年徐日厪主持"正大"后，除了更新生产设备，在用人上也花了很大功夫，为了避免亲戚和所谓的"功臣"影响企业，他不讲情面，改聘人员，做到唯才录用，知人善任，从而在较短时间内扭转了局面，使工厂重新步入发展轨道。

徐日厪还有"初生牛犊不怕虎"的气魄。1930年到1934年之间，以刘鸿生为主的大中华火柴公司，开展了一系列扩张与兼并活动，成立国内火柴工业托拉斯组织，与洋商竞争。该公司先后收买江苏省八家火柴厂，

1933年童车牌火柴广告

合并荧昌、中华、鸿生三公司为大中华火柴股份有限公司，又陆续合并了九江、汉口、芜湖、扬州、杭州等地火柴公司，宁波正大厂也是其兼并目标。刘鸿生数次来甬，与徐日厘洽谈，结果双方谈不拢。于是大中华就凭借实力，跌价倾销，企图挤垮正大厂，迫使其就范。徐日厘并不买账，立即应战，也随之跌价。但徐并不盲目火拼，而是在销量上做文章，价削量减，保存实力。结果大中华亏损甚大，而徐日厘损失却不大。最后，刘鸿生不得不放弃兼并之心，通过谈判，双方采取联营方式，控制产销。联营以后，火柴价格立即提高了20%以上，正大新公司等火柴企业都大受裨益。

1937年全面抗战开始，上海、南京和杭州等地相继沦陷，宁波港口封锁，外地火柴不能进来。正大厂的火柴，不仅在浙东成了独家产品，而且销往内地。抗战时，为防止日机投弹轰炸，正大厂与德商洋行挂钩，在屋顶上涂上"卐"字，又把厂名改为"施哥慈火柴厂"。沦陷后，正大厂职工纷纷逃难，工厂一度停止生产。

抗战胜利后，徐日厘买下天主堂所有厂房、地皮及机器等，重行注册。并更名为"宁波正大火柴厂股份有限公司"。1946年，为协助父亲发展上海正丰火柴厂等产业，徐日厘去了上海，委托当时才22岁的冯梯云以经理代表身份到正大火柴厂主持厂务。风华正茂的冯梯云努力经营，不负众望，正大厂"童车"牌火柴声誉鹊起，业务迅猛发展，工厂后来发展成为有一千多个员工的著名企业。

除了上面四家企业，还有两家工厂曾进入浙海关税务司的视野。一家是大纶袜厂，当时本地有13家袜厂，其中大纶袜厂最为有名，它成立于1916年，有资本1万元，配备140部织机，日产70打袜子。大纶袜厂后来发展成大纶针织厂，产品增加了领巾、手套和帽子，产品商标有渔翁、樵子、农夫、书生、金鱼、狮球等，厂址在引仙桥，约在今外滩大桥西堍南侧人民路位置。还有一家是粹成伞厂，位于外滩缸甏弄（今二横街西段），建于1919年，资本2万元，老板王冰生是宁波抵制日货运动十人团联合会成员，五四风潮发生后，他纠友集资组厂，抵制洋货，每月产阳伞3600把，后来还生产手杖等产品。粹成伞厂产品足与舶来品媲美，颇受社会欢迎，产品除本省销售外，还远销沪宁及闽鲁鄂等省。该厂生产的"飞鸿"牌绸布阳伞，1921年在杭州西湖第二次国货展上获奖，绣花女绸伞及刺绣美术风景画两项产品，1923年在上海总商会万国丝茧展览会上获优等证书。

【十九】

浙海关

浙海新关办公房，19世纪70年代摄（来自包腊相册）

从屠家巷返回中马路，北行200余米，可见一幢三层楼五开间的洋楼。这幢门牌为542号的近代建筑，原先是浙海关新关所在地，现今是浙海关旧址博物馆。此建筑2005年被列为省级文保单位，有资料显示，它以其近现代重要史迹及代表性建筑而曾列入浙江省拟推荐第七批全国重点文物保护单位名单。

关于这幢建筑的建成时间，该博物馆宣传册说"建于清咸丰十一年（1861）"，也有文章说建于1865年，两种说法都与史实不符。前者错在将"设"与"建"混为一谈。《鄞县通志》写得明明白白，浙海关"清咸丰十一年（1861）四月始设，……建于清同治四年（1865）"。后者错在照搬书本，将现今保留的海关视同最初建造的海关。外滩旧影显示：最初的海关不是现今这幢建筑。

那么，这幢建筑究竟建于何时呢？《宁波海关志》的记载不详，综合其"大事记"和"不动产"两处内容，判断此建筑应是"检察长住宅及海关验货房"，建造于宣统元年（1909）。但《鄞县通志》浙海关平面图却显示，此建筑应建于1935年9月之后。因为此建筑系拆除原洋关验货房扩建而成，而测绘于1935年9月的平面图上仍然有原洋关验货房，这就意味着

从江北岸远眺浙海大关（来自《宁波旧影》）

它当时尚未问世。《鄞县通志》与《宁波海关志》产生了矛盾，使人莫衷一是。笔者新近发现，发行于昭和五年（1930）七月《亚东印画辑》的宁波旧影中，已经有了"浙海关旧址"这幢建筑，这就表明，浙海关平面图是错误的，很可能当时并未实测，而是依照浙海关老建筑的图纸改绘而成。因此，综合各方面因素，"浙海关旧址"这幢建筑应该建于1909年。

宁波是古老的港口城市，对外交往、贸易活动的历史至少可以追溯到唐代，虽然唐代宁波是否设有市舶司，学界尚有争议，但宋至明朝，宁波设立过市舶务、市舶司确凿无疑。清朝1684年开海禁，决定在江浙闽粤四省设海关，次年设浙海关于宁波。据宁绍台道陈梦说《新建浙海大关记》，浙海关最初设在三江口之南奉化江畔，由于关房湫隘，地势偏僻，不便监管，后又在"三港西岸别设小关"。1763年陈梦说将两关合为一处，在三港口东岸（即在今庆安会馆南侧，原包家道头位置）鸠工庀材，兴建浙海大关。海关建成后，陈梦说"登楼凭眺，万象在目，番舶乘潮而檥，商舸蔽江而来"，他不无得意地说，"从此迎来送往，弊绝利兴，上裕国储，下安商旅"。

江东的浙海大关运作了将近一百年，此间曾在江北岸李家道头建造

浙海新关全景，1878—1880 年间摄（来自杜德维相册）

税房,征收夷船之税。后又在江北岸设置新关,由税务司负责征收国际贸易税,浙海大关就只征国内税了。江北岸新关的设置时间,众说纷纭,大致有这么几种说法:《鄞县通志·政教志》榷税中说是在1859年;《宁波海关志》《鄞县通志·政教志》浙海关沿革中说是在1861年5月22日;《浙海关与近代宁波》说是在1861年1月9日;而《宁波市志》大事记中说是设于1861年5月8日前,建成于5月22日。其中1861年1月9日这一说法出自原始史料,应该可信。由于新关设立之初关员大多为洋人,与其打交道的也多是洋人番船,老百姓以为新关是洋人所设,便俗称为"洋关",江东老海关改称为"常关"。据浙海关大事记,新关于1863年购置地基,1865年营建浙海新关。

新关沿江而筑,由三幢建筑构成:南首为验货房,设有港务课、监察课和栈房;中间是五开间的办公房,其东南角是税务司办公室,另外几间设有文书课、会计课、统计课、文牍课、验估课和总务课;北首那幢五开间两层楼房,是税务司住宅楼。税务司住宅相当考究,其建造费用高达13263关平两,比办公楼5234关平两超出1.5倍。海关以南后来还陆续建起了高级帮办、低级帮办住宅,职工宿舍,外勤职员宿舍。并修了税务

1876年浙海新关工作人员合影（来自杜德维相册）

司网球场和海关洋员俱乐部、海关华员俱乐部等建筑和设施。

海关内部等级森严，从1861年起，在长达70多年的时间里，50余任浙海关税务司一直由"客卿"担任，这些"客卿"来自英美法德挪比日等国家，在这个"国际官厅"内，高级管理职位全部由洋人充任，浙海关曾有过华员不得担任四等帮办以上职务的规定，一般只能从事巡役、听差、司门、司夜、排印人等最低等的工作。直到1933年，才有华人卢涛汶担任代理税务司。

众多客卿之中，最著名的无疑是后人称其为"中国第一客卿"的赫德，这是一位对中国政治、经济和文化起了举足轻重影响的人物。赫德统治中国海关长达48年，深得清政府倚重和赞赏，不断加官晋爵，在世时被封太子少保衔，去世后被追封为太子太保，这在洋人中绝无仅有。

赫德是英国北爱尔兰人，1835年2月20日出生，1853年以优异成绩取得文学学士学位，次年免试保送为英国外交部派驻中国领事馆赴华人员。宁波英领馆是赫德到中国后的第一个工作岗位，他在这里工作了约三年半时间，先是当一名见习翻译，次年提升为助理翻译。1855年他抓住了一个崭露头角的机会，在好几个月代理负责领事馆事务中，显示出出

赫德像　　　　　　　　包腊像（来自包腊相册）

众的管理能力，赢得英国外交部好感，为日后晋升打下基础。最为关键的是，赫德不但在宁波获得了在华贸易进行情况的第一手知识；还凭借地理优势，密切观察到了上海海关李泰国及其同事所开展的置外贸于海关控制的试验。这些知识的积累，为他以后营造半殖民地的中国海关大厦奠定了基础。1858年3月赫德调离宁波去广州，次年即辞去领事馆工作，进入海关。赫德熟悉中国官场礼节和士大夫习气，又有谨慎稳重、善于变通、温良谦让的性格，很快获得清朝大臣的青睐，1863年5月，年仅28岁的赫德任署理总税务司，在署理总税务司期间，曾兼任过浙海关税务司。同年11月，总理衙门正式任命他为海关总税务司，赫德的"客卿"生涯开始飞黄腾达。

客卿中包腊先生也值得一提，但他的命运有点悲剧色彩。包腊出生于英国一个没落贵族家庭，1863年5月，因为经济的原因不远万里来到中国。包腊见到比自己仅年长六岁的赫德，竟然身居要职，年薪4000英镑，便暗下决心，要以赫德为榜样，发愤图强。他从四等帮办做起，先后在津沪粤浙海关供职，经过努力，赢得赫德赏识。1866年赫德委以包腊负责斌椿使团出访欧洲的重任，认为无论是语言能力、办事能力还是社交能力,包腊均为不二人选。但这项任务并未给包腊带来好运,由于出访结局并不圆满,付出很多心血的包腊不但没有获得晋升或提薪,还使赫德对包腊的处事能力产生了怀疑。包腊并不气馁,反而更加努力,工作十分出色,他注意与各方面搞好关系,因而深得各方信任,赫德又对包腊刮目相看,1872年晋升其为粤海关税务司。次年,赫德将组织参加世博会中国展的重任交给包腊。尽心尽责的包腊,不负所望,最终赢得奥匈皇帝颁发的最高荣誉"铁王冠"勋章,但自己却因劳累过度,于1874年10月在英国休假时病逝,当时年仅34岁。

包腊在宁波任浙海关代理税务司只有两年多时间,却给宁波留下了一件十分有意义的纪念物——包腊相册,这本相册曾珍藏在英国布里斯托大学,共有204张相片,其中136张注明或被证实摄自宁波,另有12张疑似摄于宁波,这些老照片让生活在当下的人们,有幸目睹19世纪时的宁波。

按清政府管理体制,税务司除了受总税务司垂直领导,还得受地方海关监督制约,关督是税务司的上级。但实际上税务司并没有将关督放在眼里,顶多"让中国关督当一个体面的傀儡"而已,有时甚至不顾对方"体面",连虚与委蛇的"尊重"都没有。1928年8月21日《申报》载,财政部为提倡国外贸易,对宁波口岸出口的手工编制草帽,特许由草帽业协会检查证明,每次转运出口时,报经浙海关监督核准,转知税务局查照后免税放行。但海关监督将此部令抄送税务司、并出具证明公函时,税务司以未奉总税务司命令为由,退还公函,严行拒绝。且谓不管部令如何,必须照付押税,方准出口,态度十分强硬。草帽业协会急于报运出洋之货,全被退关。

辛亥革命后,宁波军政分府都督兼任海关监督,也被税务司触过霉头,其税款保管权被税务司剥夺,要求提取"关余"遭拒。

赫德曾要求各地税务司牢记:"税务司公署是一个中国的而不是外国的服务机关,既然如此,它的每一个职员的本分就是要在避免引起冒犯和恶感的条件下去对待中国的官民",每一个外籍职员都"身受俸禄且是

19 世纪 70 年代浙海新关缉私船（来自包腊相册）

浙海新关小艇

1909年重建的浙海关旧址，2014年摄

中国政府的臣仆",对待中国官员要有"礼貌",对待中国人民要"友谊",但海关工作人员未必都能按此要求去做。《时事公报》报道,1946年8月某夜十一时许,浙海关查验员戈锡左,不知从何处吃得酩酊大醉,踯躅街头,行抵岱山码头,见码头旁靠有渡船一只,竟一跃登舟,大声喝问:"是何人之船,有否领过船牌登记证?"斯时船夫已入梦乡,被其喝醒,一时无言回答,该查验员以为船夫故意装聋作哑,不觉勃然大怒,飞起一脚,将船篷踢翻,扭住船夫,拳足相加,并挥拳击伤船夫之面部,该船夫右额,竟被查验员手上所戴粗重金戒划开,有寸许伤痕,鲜血直流,惨不忍睹,后经旁人报警解围。

　　宁波沦陷期间,浙海关税务司办公楼遭日寇严重破坏,抗战胜利后因不堪再用,一度迁江东办公,后因不便又修建原低级帮办宿舍,作为海关办公楼。1948年9月1日,浙海关划归江海关管辖,更名为江海关宁波分关,浙海关从此结束了它的使命。

【二十】

报关行与转运行

1941年民国报关行广告

浙海新关俗称"洋关",在此报关,相关单证如海关报关单、轮船公司提货单等均须用英文填写,进出口货物也多由洋人检验,会写洋文、说洋话的人才能报关。报关的手续也比较繁琐,要填报货物的品名、数量、金额、起运地点等,要交验各种单据、证件,要缴纳相关税金。如果语言不通,或手续不全,或碰上查验人员找碴,轻则耽误时间,重则没收货物。所以,一般货主难以胜任,需要有代理人替其与洋人打交道。而海关方面也不愿与业务不熟、语言不通的货主打交道,而希望有代理机构办理报关。于是,报关行业应运而生。

但报关行并不是凭空而生的,循着历史轨迹追溯,可以发现,宁波报关行很可能是从当初牙行中转化出来的。《申报》对此有相关报道:"宁郡为闽贾通商埠头,帆樯往来、货物进出悉由万兴、隆顺等牙行报关请验点包,输纳应征正税每日收容一百八十两,俱凭税牙开单,照数投缴,已历多年。……迨壬申岁,有谋新开税行者为其同业嫉妒,争讼公庭。""闽商商于宁郡,多历年所,进出之货俱凭税牙报关纳税,正税每百两溢完至数十两之多。""宁波商船皆由镇海开进口,是以镇海设以投税牙行"。可见,万兴、隆顺这类牙行当时都办理报关事务,这种投税牙行很可能就是报关行的前身。

宁波报关行出现于何年呢？李政先生在其《海关与商行之间的媒介——宁波报关行》文中写道："宁波的报关行起于何时，已无案可稽。据一般说法，当在1901年清光绪二十七年。当时尚为数不多。"这一说法与史料记载大致吻合：一封1900年商行写给税务司的检举信显示，当时宁波有报关行十余家；根据《鄞县通志》"税务司穆致宁绍台道函"中内容推算，1898年宁波约有15家报关行。报关行实际出现时间应该更早些。

报关行是一个投入不多、收入不少的行业，主要靠"人脉"经营，用宁波话来讲，是"呒本钿生意"。但报关行不是想开就能开的，民国《报关行管理规则》规定：如要经营报关行业务，必须向当地海关或其分支关所申请报关行营业执照，还必须交国币二十万至四十万之现金保证，或相等值之债券保证，或当地合法报关行公会之保证。

报关行人手不多，一般报关行也就只有10人左右，小的报关行人数更少。除了老板和账房，主要业务人员是"跑街"。"跑街"大多能说会道，巧舌如簧，善于交际，到处兜揽生意。报关行的业务主要看"跑街"是否得力，人头熟、关系好、兜得转的"跑街"，生意就好。"跑街"的工资，有固定的，也有采取提成或拆账形式的，拆账标准并不统一，故而有的"跑街"往往身兼多职，哪家报关行"油水"多，就把生意拉到这个报关行。

报关行的收入，由手续费和"外快"组成。手续费按货物价值提取，没有统一标准。一般来说，货物量大价值高费率就低，反之则高，但一般还会考虑是否是老客户与关系密切程度而浮动。"外快"收入变数很大，主要有以下几方面收入：一是在上船下船、进栈过驳等诸多环节中，多算一些费用；二是少报多算吨位，向海关和轮船公司少申报，向货主多结算，两头蹭钱；三是"活动费"收入，报关行以向关员、船员打交道为由，向货主索取交际费，货主为顺利通过报关和船运手续，也只好照付不误，报关行则从中截留一部分作为"外快"。报关行还有一项"外快"是收受船公司回扣。宁波港客运一直兴旺，货运却供大于求，运能长期过剩，客货两用船常常是客舱满载、货舱"吃不饱",故而船公司互相激烈争夺货源。由于报关行控制着主要货源,绝大多数轮船公司都会巴结报关行,连太古公司也不例外。据首任英商宁波太古公司华大班包俊文先生回忆:"太古公司船运的大宗业务是出口货物,但货客很少直接与轮船公司联系,都经报关行从中介绍,……江北岸报关行林立,争向货客揽货,归自己联络的轮船装运。各种货运费价目,各轮船公司本有协议,大家遵守,免致竞争。但在资本主义商业中,竞争是不可避免的。太古仗着自己的实力,在表面上按照议价收取,暗中则向报关行私放回佣,七折八扣不一而定。报关行得此回佣又转向同业竞争,暗向货客贴放,争取货物报关,有时且用此暗贴,使货客减低运费,比陆运便宜,使陆运改为轮运,既满足太古航运业务,又增加报关行的收入。"[1] 报关行"外快"收入,往往会超过手续费收入。

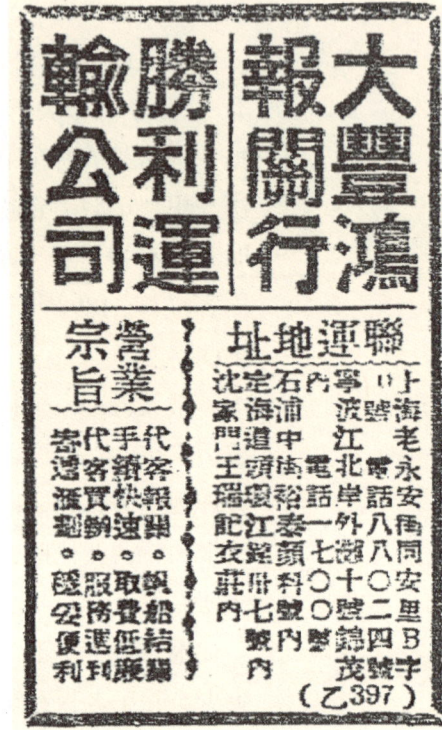

1946年民国报关行广告

当然报关行也得巴结别人,必须与海关、码头组织、轮船上相关人员搞好关系,特别是海关最为重要。平时报关行从业人员对海关关员阿谀奉承,极尽拍马之能事,逢年过节报关行老板亲自公关,设宴请客。号称高效廉洁的旧中国海关,并非一片净土。曾两度在浙海关工作,抗战胜利后任浙海关代理税务司陈善颐先生描述:"海关听差,职低薪少,每月只有二三十元,于是他们和报关行相勾搭。各报关行的报单都印有

---

[1]《宁波文史资料》第九辑,包俊文《英商宁波太古公司始末》。

特殊标记,报关人在柜台外可以远远望见报单到了那一台子。报单是由听差传递的,把有关系的报单放在一大堆报单的上面,关员大笔一挥,完税放行,货物就可以早早装卸上船。报单如压在底下的,就有赶装不及,发生退关的危险。所以各报关行按节要给听差送'节包',自几元至十多元不等,至于听差向报关行买些便宜土产,或拿点'样品',那更不必说了。"[1] 所以,说过去海关工作人员清廉,"接受一条鲜鱼就被开除掉",可能仅仅是传说而已。

宁波报关业于1931年2月成立了报关业同业公会,公会位于同兴街,后一度迁移至外马路通商巷2号。1932年时有会员52户,比较有名的有元丰、裕昌、元记、诚记、裕丰等报关行,1946年时会员发展到89户。同业公会在维护报关业利益上发挥了很大作用。

《宁波商报》载,1938年6月,新成立的浙江省宁绍台区茶叶运销处通告各茶商:"为统制起见,凡未领有检验证及准运单之各项茶叶,一概不准出口,须将上项证单手续补领完全,始准放行,查是项准运单系浙江省茶叶运销总办事处颁发,茶叶非经运销处报运概不发给,嗣后茶商运申各项茶叶务请直接向各办事处报运,俾免扣押……如未向本运销处报运之茶叶,一概拒绝补给准运单。"茶叶是大宗货物,茶叶运销处利用颁发准运单的权力,控制茶商报运,等于是断了报关行的财路。报关业同业公会立即召开全体会员紧急会议,对运销处垄断行为进行抵制。会后,同业公会分别电告军事委员会、浙江省政府、鄞县县政府和县党部、第六区专员公署、宁波商会,呼吁相关机构明令禁止茶叶运销处垄断行为。并函告浙海关,要求在此案未得圆满结果之前,请维持报关业务,准将有检验证之茶叶,仍由报关行照常报运以彰公道。另外,同业公会还推举9名代表连续几天向本埠各机关请愿。

同业公会向军事委员会蒋介石告"御状"的电文为:

---

[1] 《宁波文史资料》第九辑,陈善颐《外国侵略者控制下的浙海关见闻》。

1938年慎大转运处广告

汉口军事委员会委员长蒋钧鉴：窃浙省为产茶之区，历年报运手续，悉由敝会各行报请浙江省农业改进所茶叶检验处检验后，办理报运出口，今忽有浙江省宁绍台区茶叶运销处之组织，登报通告，所有出口茶叶，非经该处报运，概不发给准运单，即不准出口，此项办法，迹近垄断运输，攸关敝业千万人生计，查茶叶乃对外贸易，应予统制，用意至善，惟宁波已设有出入口货物查验处，足资防杜流弊，似无成立运销处之必要，良以该处既征巨费，复属病商，为此电请钧鉴，俯赐明令浙省政府即日将该运销处撤销，以恤商艰，不胜迫切待命之至……

（摘自1938年6月11日《宁波商报》）

后来，同业公会又电呈建设厅：

窃思运销处之组织，大意不外调整性质，决不能干涉报关，即令任其存在，对于报关一项，理应听茶商自由，纵使该运销处有操纵报关之规定，事先亦应公开讨论，从长计议，断不容其独享权利，况

桃渡路慎大转运公司（来自市档案局）

温处区金衢严区亦听各茶商自由指定，非如宁绍台区之垄断独营，事实俱在，尽可调查，同属一省，理应统一。兹为顾全大局计，拟请饬该运销处将报关事宜委由报关业同业公会承办，一方可息同业之纠纷，一方仍不背运销处报关独营之规定，更不背省方调整之本意……

（摘自1938年6月15日《时事公报》）

从呈建设厅的电文内容看，此时报关业同业公会与运销处矛盾似已有所缓和，但最终结果如何，未见报道。

宁波铁路建成以后，出现了一种专为客商向铁路代办运输事宜的代理机构——转运行，比较有名的有宁绍、越利、慎大、源记、公益、福大、汇通等行号。转运行大多集中在桃渡路一带，而报关行则相对集中在中马路一带。其实报关行也不仅仅从事报关业务，一般客户为了方便，除了要求报关行向海关办理进出口手续外，也将货物转运事宜委托给报关行代办，报关行自然是求之不得，于是又延伸出转运及与运输相关的业务，负责将货物安全、妥善、按期送到收货行号。到了后期，由于进出口贸易锐减，报关业务随之减少，一些报关行主要依靠转运业务维持经营，为了争夺业务，有的报关行干脆改名为转运行。此时，报关行与转运行已无多大区别。

　　宁波报关行业的黄金时期是在抗日战争开始至1941年宁波沦陷这段时间，1937年上海失守沦陷之后，宁波取而代之，成为全国性吐纳口岸，轮船往来川流不息，进出口货物大量增加，报关行和转运行似雨后春笋，纷纷设立，骤然增至100余家。日寇占领宁波后，报关业务一落千丈，报关行纷纷关闭，剩下的几家惨淡经营，维持生计。抗战胜利后，由于铁路未恢复，公路被破坏，航运缺少船舶，再加上内地各省转口货物运输恢复了原有渠道，不再依赖宁波港，宁波报关业再也未见复苏。

【二十一】 工程局

首任工程局实际负责人、浙海关税务司穆麟德

江北岸工程局成立于清光绪二十四(1898)年,后任税务司佘德在海关报告中说:"莫勒德夫先生是1898—1901年宁波公共市政委员会的主席。1898年,这位税务司凭据自身的影响,成功地说服道台引进码头税制度,即对到岸或离岸的货物按每包3文铜钱的税率收取,其前任也曾想采用这一制度但遭失败。通过这一成功的举动,取得了流动资金,供公共事业委员会使用。这位税务司当然也受到人们的尊敬及从中得利的人的称赞。"

莫勒德夫也译作莫伦道夫或穆林德夫,海关《题名录》上正式汉文姓名是穆麟德。穆麟德是德国人,1847年2月17日出生,贵族出身。佘德说他凭据自身的影响,可见此人的影响力不一般。穆麟德22岁时来到中国,在海关任职时深受总税务司赫德赏识,协助购买克虏伯军火时又得李鸿章的重视。李鸿章向朝鲜使节推荐穆去朝鲜指导办洋务,称赞他"明白交涉、关税各事,性情忠实,颇愿为贵国效用"。穆在朝鲜担任海关总税务司兼外交顾问,被视为是"朝鲜的赫德"。但是穆麟德有点"一根筋",他努力为朝鲜效用时,忘记了或者说是全然不顾李鸿章的用意。最终,穆麟德被李鸿章弄回中国,于1897年10月到宁波任浙海关税务司。

佘德所说公共市政委员会即工程局。工程局成立之前,江北岸在1884

年已设有清道局,负责街面道路保洁、照明和修补。清道局由5个外国人和4个中国人组成,巡捕房督捕担任清道局名誉秘书,所有公共市政都在巡捕房的掌握之下,并在巡捕监督下工作。由于清道局没有稳定的经费来源,经费主要靠自发捐助,不足时才从巡捕房经费内或在便民局名下酌提若干。经费入不敷用,造成当时江北岸外滩一带,河道淤积、道路不平、江岸坍塌、护桩倾断,行人出其途咸有戒心,船舶装卸货甚为不便。改良市政势在必行。

穆麟德成功说服宁绍台道设立工程局,不仅仅凭他的影响力。经过风浪,见过世面,有多年工作经验的穆麟德完全了解地方官员处处提防的心态,为了消除疑虑,他在制定工程局章程时颇费了番心思。

章程开宗明义说明设立工程局的目的,是为了兴修道路沟渠及有益民间的一切善举,然后对各关键问题一一予以说明:

在组织人事上,工程局只是在清道局的基础上改组,办公诸董小仍其旧,惟加绅商华人数人,充作董事,再由道台另派洋务委员就近会商经理。相比于清道局,工程局的华董人数增加了,税务司本人只是道台的代理人。在资金来源上,由税务司劝捐,拟在进出口货物中每包提码头捐三文,归入工程局常年经费,于国家正课无关,也不需地方官吏操心筹措。在资金用途上,第一件是建筑石码头,迤逦至新江桥一带;第二件是开掘水井;第三件是扩充牛痘局;第四件是助办中西义塾;第五件是改装电气灯。统统用于地方公益事业。在资金审批上,征入的码头捐"每月由本税务司核数汇存,知照道署并工程局查照,俟需用时道台核明给发","其洋应作何用,宜先与道台议准施行",审批权牢牢掌握在道台手中。在资金监督上,"兹定每月诸董议事一次,每半年查账一次","工程局将所支之款开单报知道署及本税司并各董事查核,以昭征信。"穆麟德还提了带有规划性质的设想,"以后除里街隙地民居外,如沿江一带起造房屋,须先向工程局说明,以免将来临近口舌。"[1]

结局可想而知,穆麟德成功地说服了道台,将清道局改组为工程局,

---

[1]《申报》1898年12月7日。

并请道台出示晓谕，悬挂关前，于1898年3月7日起开征码头捐。宁绍台道在复函中不无愉快地说："此事重烦清神，得以部署妥协，本道曷胜欣感。"并在告示中告诫商户："要知众擎易举，所捐几何，无非为本埠久远计及客商往来利便之事。……无负税司殷殷创办之美意。"[1]工程局设立后，"级别"比清道局高了，由原先巡捕房兼管改由海关管理。

刚开始征码头捐时，受到各报关行抵制，纷纷停止报关。后来报关行意识到这是大势所趋，抵制力有不逮，便䜩愆输诚，除了愿按规定缴纳码头捐外，各行还各捐一百元，共集洋一千五百余元给工程局。有这笔资金，穆麟德马上进行市政改造，亲自指挥实施耽搁已十年的外滩续建工程，将马路延伸至新江桥，并对简陋的沿江马路进行增高和加宽。工程局还在颜公渠上新建了坚固的木桥（板桥），修复了毁坏的石桥，挖了两口自流井。工程局以公开招标的形式选择施工单位，至1901年，已经有一万多元用于修堤岸、码头、加宽路面等方面。穆麟德还曾有过将新江桥改建为铁桥的打算，并且进行了测量。遗憾的是穆麟德于1901年在宁波去世，终年54岁。如果他的生命能延长五六年，并能在宁波继续工作，这"一根筋"的穆麟德说不定真能办成建桥大事。如果这样，新江桥早就先于灵桥变为大铁桥了，可惜没有如果。

穆麟德去世后，工程局依然在修路建桥、迁墓掘井，以及营建模范公坑、建筑小菜场等方面做了不少事情，《申报》对此时有报道："江北马路后街一带道途倾圮，行者病之。迳经工程局董发款雇工，请捕头督令兴修，现已将次竣事。履道坦坦之诗可为此邦咏之矣"，"江北老旗昌码头后街三眼井桥，系寓甬各西人往来要道，现经工程局筹拨余款，鸠工改筑，以利行人，大约秋凉前后始克落成"。工程局"因后街路旁坟冢林立，时届夏令，不免秽气蒸人致染疾病，拟将新厝坟冢一律迁移"，"甬江北地方近来商务日旺，现由工程局将积款提出若干，购方石多块，雇工将前后大道通行修筑，以期平坦。刻已动工，拨派巡捕押令工匠等人从速修补矣。"

江北岸的市容市貌因工程局的设立改观不少，正如创办之初穆麟德

---

[1] 张传保、陈训正、马瀛等修纂：《鄞县通志·食货志》，宁波出版社2006年版，第204页。

致宁绍台道函中所言:"集本地之捐款,办本地之善举,所取者寡,所益者大。"[1] 而且,码头捐经费后来不仅仅用于市政建设上和江北岸一地,使用范围有所扩大,如宁波府中学堂的部分经费就出自码头捐。

民国初年,重新议定工程局正式章程,共设董事16人,华董10人,西董6人,会稽道尹任正会长,浙海关监督与税务司同任副会长。虽然华董人数多于西董,但由于时任会稽道尹黄涵之、海关监督袁巽初对工程局事务不感兴趣,章程载明:"道尹及海关监督因住在城内,不方便理事,聘税务司为全权代表。"而且,工程局各科科长都由西人担任,事权实际上仍掌控在西人之手。黄袁两人从不出席工程局会议,还责怪当时力争改组工程局者为多事,工程局后来干脆连开会邀请函都不发了。舆论讽刺"涵之先生,正念经拜佛放生之不暇,更无暇顾及此区区之市政问题主权问题"。至1925年,董事虽曾进行过两次改选,但由于章程未变,华董仍未能掌握实权。

1925年,全国掀起了反帝高潮,民族意识空前高涨,宁波废止不平等条约的声浪弥漫全城,地方各团体竭力运动收回工程局,力主裁撤西董。1926年8月《申报》报道:鄞县江北公会,鉴于工程局西干事巴显荣薪水较中干事高出十倍,而事工责任实均相等,不免太费,请会稽道道尹朱文劭出席工程局董事会,提议撤职,但浙海关税务司威勒鼎竭力反对,导致未能通过。裁撤西董未成,华董鉴于潮流,纷纷辞职,董事会实际上已无形解体,但工程局并未中断,仍由税务司及西董事主持其事。

时任浙海关监督张申之对工程局有比较公允的评价:

1899年工程局招标广告

---

[1] 张传保、陈训正、马瀛等修纂:《鄞县通志·食货志》,宁波出版社2006年版,第203页。

1926年江北工程局全体董事合影（来自《潮涌城北——近代外滩研究》）

"近年建筑小菜场、开掘自流井、修理桥梁、疏浚河道、翻修马路、整顿路灯，举凡工程上之成绩，似尚可称。平时对于人民请求改革市政，该当局亦时能采纳意见，而邻近居民之有修理道路桥梁请求补助者，该局并有补助其全部应需经费四分之一之规定，平心而论，亦不得谓为不公。"但张申之认为："现政治革新，外交更张，江北工程局既设在我国领土之上，而其事又为吾国内政之一，前该局之设，既无国际上之先例，又无条约上之协定，相应及时收回，以顺民情，而维主权。"[1]

1927年8月，成立不久的宁波市政府派员接收工程局，将其改设为宁波市工务局江北工程办事处，委派曹文奎为办事处主任。从此，存世近三十年的江北岸工程局退出历史舞台，淡出人们视线。

---

[1]《时事公报》1927年5月25日。

【二十二】 领事馆

英国驻宁波领事馆全景，1878—1880年间摄（来自杜德维相册）

由浙海关北行约300米，即是英领馆。英领馆也称英领署、大英公馆、领事府等，据说最早的全称是"宁波大英钦命领事署"。英领馆建成之初，楼虽不高，却颇有气势。领馆南大门正对当年外滩的中央大道——中马路，直通至新江桥。靠近领馆前的马路最早称为"领事府前"，由此跨进英领馆南大门，里面是一个偌大的院子，有草坪和花坛，花团锦簇，绿树成荫，甬道穿插其间。院子中央一座洋楼兀然而立，墙体用砖石间砌，线条丰富多变。洋楼高两层，二楼东立面十根精美的爱奥尼亚石柱十分显眼，柱间以宝瓶栏杆相连，南立面四组宽大的百叶窗直落二楼地面。洋楼四周有宽敞的长廊阳台，其四角稍向外凸，辟有拱窗，屋顶竖有四根长方形壁炉烟囱。整幢建筑比例匀称，立面富有变化，通透而不失庄重，此楼即是宁波英国领事馆内的主体建筑。这幢集居住、办公功能于一体的外廊式建筑，据说系洋人根据南亚或东南亚殖民生活经验移植而来，因而也叫作殖民地式。然而，宁波这幢英领馆其屋顶上的青瓦和瓦当，以及院墙中的漏窗，仍显示着本地元素。

关于英领事馆建造时间，《鄞县通志》无记载，《宁波市志》说是1880年迁到新建署馆，这一说法可能源自周钦文先生的记述："英国领事署原

英国驻宁波领事馆界石（来自《宁波市志》）

有馆址不敷需用，即于1880年在中马路底的'石板行跟'自建领事住宅和官署办公室。"但这说法可能有误，理由有三：

一、在1875年的旧影中，已经出现英领事馆建筑。

二、《申报》1876年10月27日报道："自英署至浮桥前后街一带通明彻夜，无不颂声载道。"英署即英领事馆，前后街即今中马路和人民路，说明此时英领事馆已迁至外滩。

三、《宁波市志》第1876页中有张界石照片，照片中的界石明确凿有"1870大英署"文字。若英领事署建于1880年，这块界石又作何解释呢？总不至于在杨家巷那里租房25年后再去竖一块界石吧？而且从照片中界石后面的墙体看，与现英领事馆围墙特征相似。

所以，根据上面三点推断，说现今保留的英领事馆建于1870年应该不会离谱。由于英领事馆盖在江滩边上，可能因基础不牢固，整幢建筑后来向东南方向严重倾斜，但"老外"并没有将领馆推倒重建，而只是拆建东南两侧和西侧一半的外廊，重建部分的基础以钢筋混凝土加固，廊柱无论一层二层，均用砖柱砌筑到顶，原先那些精致漂亮的爱奥尼亚石柱全被拆除，洋楼四角砖石间砌的拱窗角廊也被拆建三个，拱窗改为方窗，外廊只剩下向内倾斜的西北一角仍是原物，整幢建筑外观变化较大。

据《宁波市志》记载，1843—1933年的90年间，有31位英国领事派驻宁波（其中1932—1933年领事未列入）。首任领事罗伯聃，1807年8月10日出生于英国苏格兰一个煤炭商人之家，14岁起就出国经商，1833年罗伯聃来华，因汉语能力突出而被英国政府看重，据说1834年被英国政府聘为中文翻译的只有三个人，他是其中之一。鸦片战争时，这个翻译在定海举着写有"清军投降，不要再进行无用抵抗"的旗子，在镇海举着写有"投降者生，抵抗者死"的旗子，到阵地前瓦解清军。英军进入宁波后，他闯进天一阁，利用阁中丰富的藏书绘制军用地图。罗伯聃还参与了《南京条约》的起草谈判。他鞍前马后，为侵略战争出了不少力，因此被英国政府委为首任驻宁波领事。1843年12月19日，罗伯聃乘坐"迈度沙"号军舰，并带上大小火轮船各一艘，以征服者的姿态，踌躇满志来到宁波。熟门熟路的罗伯聃，没多久就选中李家道头作为商埠上下货地点，然后在江北岸杨家巷租下卢松房50间房屋作为领事署，开始了他的领事官生涯。极具语言天赋的罗伯聃身为领事官，却将很多精力放在汉语学习和研究上，在宁波不满三年，就出版了多部著作，其中《华英说部撮要》是首部由洋人编纂的北京官话教材，也是当时在华洋人学习北京话的首选教材，影响很大，外国人几乎"家置一编"。罗伯聃脑子聪明身体却不好，在抱病完成《华英说部撮要》后即殁于宁波，只活了39岁。浙江巡抚闻讯后以兴奋的心情向皇帝报告了罗伯聃的死讯，道光皇帝见奏后也非常解恨，在折上写道"天也，非人力"。

翟理思是宁波英国领事署第十三任领事，1845年12月18日出生于英国牛津的一个文人世家，1867年，翟理思通过选拔考试，远涉重洋，来到中国，成为英国驻华使馆的一名翻译学生。在长达26年的时间里，翟理思在中国多个口岸的英国领事馆任职，1893年以健康欠佳为由辞职返英，1935年去世。之所以提及他，不仅仅是因为他至少于1889—1893年在宁波担任过英领事，并为我们留下了好几幅当时他在英领事署工作生活的旧影，更因为他是一位著名的汉学家，曾被誉为英国汉学三大星座之

英国驻宁波领事馆领事、汉学家翟理思

一,为传播中国语言、文学和文化做出了杰出贡献。翟理思勤于著述,研究范围遍及中国文学、历史、宗教、哲学、绘画等诸多领域,据互动百科介绍:他撰写了第一部英文中国文学史、第一部中国绘画史、第一部英文中国人物传记词典,他所编撰的《华英字典》影响了几代外国学生,经他修改和确立后的威妥玛–翟理思式拼音方案风行80余年而不衰。他的翻译涉及面非常之广,从《三字经》到《洗冤录》,从《佛国记》到《庄子》,他均有涉猎。他所翻译的《聊斋志异》是最全的一个英文译本,他的《古文选珍》第一次向英语读者展示了中国数千年来散文、诗歌的恒久魅力。他的译笔以"优雅、鲜活、生机盎然"而著称,他最大的成就在于使"汉学人性化了"。因此,翟理思两度荣获法兰西学院儒莲奖(1897、1911)、获皇家亚洲学会金奖(1922)、中华民国政府嘉禾章(1922),并获得阿伯丁大学荣誉法学博士学位(1897)、牛津大学荣誉文学博士学位(1924),还当选为皇家亚洲学会北中国支会主席(1885)、法兰西学院海外通讯院士(1924)。

英国设领事馆后,列强纷纷跟进。据《宁波市志》及有关资料:法国、美国、德国、西班牙、丹麦、奥匈、荷兰、瑞典、挪威、日本、俄国相继在宁波设领事或代理领事。但真正在宁波设署驻领的除了英国,可能只有法国、

翟理思与家人及佣人，1889年摄

美国和德国。法国领事署初在和义渡西侧，后移至中马路，首任领事由天主教主教张芳济兼。美国领事署初在英国领事署东，1881年移至中马路原逊昌洋行，首任领事由麦嘉缔医生代理。德国（普鲁士）领事署与招商局相邻，在其北侧。其他国家或委英、法、德国领事兼理，或由上海总领事兼理。而在宁波建造领事馆的除了英国，可能还有法国，光绪《鄞县志》载："佛兰西……驻宁波江北岸，购地营屋设领事府。"

美领馆从1844年设立到1896年6月30日裁撤，长达52年，时间不算短，却一直十分寒酸。美领馆不像英领馆那样，一开始就委派专门的领事，后来又造了气派的领事馆。美国当时实行的是"商人领事制"，其领事薪水低、待遇差。首任副领事吴利国是旗昌洋行职员，到宁波后蜻蜓点水似的就走了。美领馆的工作常常由传教士兼任，如麦嘉缔（长老会）、玛高温（浸礼会）、祎理哲（长老会）等都代理过领事或担任副领事工作。美领馆的设施十分简陋，一开始也是租用民房，但条件比英领馆差了好多。看到西邻英领馆拥有50间房屋，目睹其气派和排场，并了解到英领事薪水相当于自己的十倍，相比之下，美领事深感其处境足以伤害美国国家的尊严与荣誉。以至于布拉德利1857年一上任，就向国务卿抱怨，住所太简

英领馆西南角,1889—1993年间摄

陋,不仅与领事身份不符,而且有损健康。但微薄的收入,不足以租借到适宜领事官员居住的处所,建议修建一所领事馆。

洋人在江北岸设府置官后,一些华人尤其是在领馆内谋事的部分人狐假虎威,依仗洋人势力欺压本地百姓。段光清说:"凡作夷馆通司与服役夷馆之奸民,靡不借夷势以挟制衙门;而本地无赖,又每每勾引若辈以鱼肉平民。"此外,《镜湖自撰年谱》中详细记载了通司仗势欺人,领事袒护威胁一事:

西洋马领事不通中华语言文字,专以诈人为事。通司卢天锡,亦宁波人,遇事生风。时天旱米贵,有商贩米数百担漂洋而来,天锡指为盗船,聚无赖多人,将米搬入家祠。商至余署呼冤,余随至江北岸查勘。见米已堆积卢姓祠堂,余命差带卢天锡至署,责之曰:"即系盗物,亦当起入官署,岂宜归尔家祠,况本非盗乎?本应责尔,念尔乃夷馆通司,略存体面,仅予管押,速将米还商,免其严办。"夜有西洋副领事至署,谓我拿盗船,何以不办强盗,反将我通司管押。余曰:"尔通司指平民为盗,硬抢客货,应得何罪?仅管押在此,尚是存在尔通司情面也。"副领事曰："我国通司,县中敢管押乎?"余曰："虽作尔馆通司,亦属本地百姓;百姓犯法,官不能办,我亦无以为地方官矣。"副领事闻余言,置帽于几,立而言曰："尔知我国有黑老虎乎?(黑老虎者,夷人兵船也,言其能吃人也)尔敢言三声不放我通司,我放出黑老虎,看尔放也不放!"

领事嚣张程度,可见一斑。

对于本国侨民,各国领事更是利用不平等条约中领事裁判权(也称"治外法权")进行庇袒。1922年12月10日,本埠江北戴万源破获外国贼两人,但沪法公廨却宣告无罪。"治外法权"如同护身符,使得外国佬有恃无恐,更加肆无忌惮地欺凌本地百姓,1925年《申报》记载："有侨居江北岸之日人坦花惠常,与人力车夫为车费纠葛,竟敢凶殴车夫魏阿来、赵子弟两人,当经该地土民及某校学生目击不平,共同救获。"此案虽曲在日人,但日人逍遥法外,而两名车夫却被诬蒙冤反被关押半年多。

除了欺侮本地华人,列强彼此之间也常常互闹矛盾,尤其是英法两国互不买账,为各自利益而起争端。1902年5月29日《申报》载："自江北岸新浮桥沿江至各轮船码头,百货云屯,市廛闹热。去岁法人于此间辟马路,设市场,经之营之,迄未工竣。此地向有同一木行,近已闭歇。法人意欲购其基址,只以索价太贵,事尚未成。迩者驻甬英领事闻之,亦欲购有其地,允于法人所许价值外酌加若干。法人忿不能平,起与英领事争哄,声言欲各调兵舰,以决雌雄。提、道两宪恐酿事端,急向劝和,始复言归于好。"

各国领事中,英领事最为强势。1923年余姚有英美、大美两家烟栈因烟税被封,驻甬英美烟公司获悉后迅速报告英领事,要求从严交涉。英领事立即致电浙江省长要求解除查封,并释放相关人员:

"英美烟公司在余姚暂租栈房存货,本月十日被特税总局长夏敬观谕县查封。其时宁波英经理施克德到姚劝阻,勿遽查封,该县知县竟派警将施克德押送来甬,并有看守栈房人林莱寿亦被拘押。本领事查《马关条约》第六款第三节,载明进口商货运往内地,得暂租栈房存货等语,应令该县迅即启封交还英商。查《天津条约》第九款,载明英国民人,准听持照前往内地游历通商等语。此次押送施克德离姚,极为违约,应将夏局长县知事加以惩戒。又查《天津条约》第十三款,载明英民任便觅置华产,中国官吏无权禁阻等语,应令该县迅将林莱寿释放。"

(摘自1923年11月18日《申报》)

涉及条约,英领事会利用不平等条约交涉;没涉及条约,只要触及英国商民利益,英领事同样也会出头干涉。1919年宁波洋货局征收落地捐款,扣留了抗捐华商的火油,此事虽不涉及洋人,但因征捐后可能会导致火油价格升高,影响销售,英领事即予抗议,说此举违法,要求"请令放行,否则索取赔偿"。1924年,英领事翰累德因为浙省征收莫干山警捐及煤油补征捐等事,专程跑到杭州,会晤张省长、王交涉员、张财厅长等,并提出抗议。地方政府认为这完全是中国内政,并不违背条约,外人不能干涉,抗议被婉辞拒绝。

宁波英国领事馆于1933年12月正式撤销,其主要原因是当时英国人在浙江经营的企业,一般都已由买办代理,无须直接经营,故在浙英侨人数不多,于是该署在停止办公一段时间后宣布撤销,其英侨事务由上海英国总领事署办理。

领事馆撤销后建筑归属也有点扑朔迷离。周钦文先生记述,此建筑后来被鄞县邱隘人、上海著名纸业巨头詹某出资买了去。也有文章说英国驻沪领事毕约翰遂将该房屋作价,转让给当时的鄞县政府作救济院。其实,毕约翰1934年6月致函还仅仅是个要求,拟作救济院也只是个打算,实际并未成交。报载,1935年4月,因为建筑外马路,英领馆亦在缩让之列,县政府拟备价收买,沪总领事来函表示因筑路需要也愿减价。县政府就请旅沪绅商张继光代表县政府,向驻沪英总领事接洽,由于抗战,

英领馆东廊,1889—1993 年间摄

此次收买仍然未成功。1947 年青年会又想收购英领馆房产,当年 6 月 17 日《时事公报》载:"倪德昭赴沪接洽本埠江北前英领事馆,其房屋地产,由上海英领事遥领有年,当陈宝麟长鄞时,应宁波青年会之请,曾一度与沪英领面洽,愿出半价收购,作为该会办事场所。英领以该会系基督教社团,表示赞可。嗣因抗战军兴,遂搁置不提。厥后该会倪总干事在内地,曾向英领旧事重提,英领允于战事结束后再谈。兹悉全国青年会主干王正廷博士,以该馆房产,近有登报标卖之举,经数度与英领折冲,英领愿践旧诺,倪总干事近接王博士函知,昨已搭轮往沪接洽矣。"从报纸内容不难判断,无论詹某、县政府,都未曾买去,青年会最终也未能买成。英领馆后来成了部队营房,现在则成了一家收藏公馆。

〔二十三〕 学 校

斐迪女校（来自"独立观察员"的博客）

从英领馆向东北方向前行不到500米，在白沙路左侧，有一陆军驻地，驻地内环境甚为优美，高大的香樟树枝干交错，浓荫蔽空，透过樟树林望去，有两幢红瓦青砖的洋楼，掩映在绿树之中。根据民国地图标注，这里原先应该是斐迪女校所在地。斐迪女校的历史资料很少，有关它的旧影更如凤毛麟角，目前尚无充分材料能证明现存这两幢洋楼就是斐迪女校。我们还是从另一所"胎死腹中"的中学说起：

抗战胜利后，由于仁济医院再未迁回宁波，杜月笙、金廷荪打算将医院原址改办为中学，校名依然为仁济。他俩一面在沪甬两地筹募基金，成立校董会；一面登报招生，招考高初中一、二年级春、秋季各一班，准备于1946年开学。也许是这两位闻人过于自信了，未曾想到，浙江省教育厅以其图书、仪器等设备尚未置备为由，令其暂缓开办，未批准前不得招生开学。校董只得遵令，马上登报声明延期招生，同时加紧筹办图书仪器、整理校舍、增募基金、购置基田，以巩固学校基础。正紧锣密鼓筹备时，不料又接县政府转奉省教育厅令，以据报该校创办人对于学校已停止办理为由，饬撤销校董会，将钤记收回。此事引起了宁波各界热议，《时事公报》在同一日发"从仁济中学停办说起"社论和"仁济中学停办愤言"短评。

1947年金廷荪启事及浙东中学鸣谢

一参议员还为此质询县长陈佑华。陈回复:"其中不无误会之处。"而金廷荪则表态:"以教厅既有命令,自亦未便固执,唯深觉处今之世,办学也颇多不易也。"

在杜月笙、金廷荪筹办仁济中学受阻的同时,宁波的另一所学校——浙东中学正在为校舍而发愁。抗战胜利后,浙东中学复校回到宁波,但原先泗洲塘宽敞漂亮的校舍,已被日寇毁成废墟,学校只得借址办学。高中部设在永丰路3号圣模小学,初中部设在槐树路192号崇信小学,一在姚江之南,一在姚江之北,高初中兼课老师,上课还得摆渡过江,很不方便,若遇风雨天气,更是苦不堪言。

浙东中学当时办学条件极差,设施简陋,几乎没什么图书、仪器和实验设备;场地拥挤,学生体育活动常常安排在北大路公共体育场。当时教会经费不支,校董会就发起劝募活动,打算在泗洲塘重建校舍,但远水解不了近渴。窘境之中,浙东中学得悉仁济中学情况,校长与校董会以及宁波基督教青年会就抓住这一机遇,积极活动。浙东中学此时已有百年历史,毕业学生中人才济济,其中不少是地方头面人物。经学校同学会周大烈、何体刚、金臻庠、骆璜及地方人士周厚斋等人几次商恳,面临仁济

槐树路南侧的崇信学堂（来自市档案局）

中学受阻、浙东中学请援的金廷荪，商经仁济校董同意后，登报声明：决定停办仁济中学，停办后校舍赠让给浙东中学，向上海募集的仁济基金一千五百万元由其负责按户发还，所置基田一百二十亩赠鄞县鄮山小学，已购课桌椅三百套分赠江北江东镇及鄮山小学和鄞县参议会。虽然仁济中学没办成，但金廷荪因捐资兴学，热心教育，两年后还是受到蒋介石奖励，特颁"百年树人"匾额一方，以昭激劝。

1947年春，浙东中学高初中全部搬入新校舍。仪器室、实验室、活动室、图书室等一应俱全，教室有十多间，还有礼堂可集会。当年6月8日，浙东中学举行复校纪念及廷荪堂上匾典礼，学校还设廷荪奖学金。同年8月，应彭年先生又捐赠新马路123号圣保罗堂，学校还购入教堂旁边的几间平房。据浙东中学校友回忆，那时的校舍，"东到现在的大庆路，依次往西是一个小教堂，这是我们学校的小医院，大约有十几个篮球场大的操场，进墙门是一个小广场，行政楼。北边有一条小河，河对面是学校的农场，种着各种植物，南边一直过新马路，是一些附属用房，再后面是一个很大的足球场。"经历过流亡时颠沛流离、复校初艰难困苦的浙东中学师生，看到如此宽敞漂亮、设施完备的学校，欣喜无比。

浸会中学堂，后合并为四明中学（来自市档案局）

　　浙东中学校史，有一个显著特点，就是"源多流长"。该校老校徽上有三颗星，据说分别代表美国的长老会、浸礼会和英国的循道公会。因为这三家教会分别办了崇信中学、浸会中学和斐迪中学，三所学校后来合并成为浙东中学。再后来，浙东中学又合并了法国天主教会办的益三中学，此即源多。流长是指这些学校历史悠久，除益三中学创办稍晚外，其他学校都经历了从书塾升为书院、书院改为学堂、学堂改为学校的历史阶段。

　　办学最早的是美国长老会，宁波开埠次年，即1845年，长老会传教士麦嘉缔就在槐花树下姚江之畔（今槐树路中段位置），创办了崇信义塾，义塾于1881年改为书院，1903年因学生众多，讲舍不敷，教士费佩德函商会长，拨款加上募款，花了七千余金，重新建造了校舍。1912年崇信书院改称为崇信中学。亦有资料称：崇信义塾于1867年迁往杭州，是之江大学的前身。

　　美国浸礼会的养正小学创办于1849年，起初设在和义门外，1884年建校舍。1904年搬迁到北门外姚江之畔碶桥旁（大致在今保丰碶北侧位置），改名为浸会。1923年，浸会中学与崇信中学合并，改称四明中学，校舍设在浸会中学原址。

斐迪学校（来自"独立观察员"的博客）

在教会学校中，斐迪学校的校史资料相对多一些，有徐学传、陈里仁、寿子鲲三位先生的回忆资料，但遗憾的是回忆资料出入较大。按徐学传先生的说法：学校系阚斐迪于1879年秋创办在盐仓门外，后迁开明讲堂，再徙江北岸周家桥下，最后到泗洲塘。而陈里仁先生回忆：学校最早系胡德迈于1843年开办在开明讲堂，1860年前后阚斐迪执教，1874年迁盐仓门对江槐花树下，十余年后又迁外滩老巡捕房侧，后再迁到周家桥河边，1906年迁到泗洲塘新校舍。

徐、陈两位先生均就读于斐迪学校，陈尊徐为老前辈。徐先生在斐迪学校读书时，其父徐漪园先生与斐迪牧师同为学校教师。徐学传先生回忆，学校校名是他在校时取的，在斐迪牧师辞返故里时，"鄙人与张睦九辈未敢没其兴学功劳，全体议决名是校曰斐迪书院，鄙人手撰一联悬诸中堂，其句乃'斐兮君子开文苑，迪我后人进德门'。"因此，徐老的说法可能比较接近史实。

斐迪中学侧重英语，尤其是圣经一课为主要教课，数理次之，中国经文史地为轻。在校学生不论有没有毕业，只要学会了英语，每年总有一部分学生，在本市或往上海或外埠投考外国银行、铁路、海关、邮政局、外商

斐迪学校师生合影（来自"独立观察员"的博客）

火油公司、租界工部局等，录取后做写字（即职员），满口英语，全身西装，有垫款的做洋行买办。

斐迪中学还很注重体育，据徐老回忆："教法极合时宜，成绩斐然，于体育运动尤加重视，有非侪辈能望其项背者，时与同等中学诸生比足球，常能夺得锦标而归。一日，有英国军舰游弋到此，强欲我校一试其技，抖擞精神，两不示弱，而军舰卒逊一筹，是以毕业而出谋各事者多非弱汉。"

1925年"五卅惨案"发生，学生因罢课与英籍校长冲突，大多数学生愤而离校，学校元气大伤。北伐军抵浙时，"斐迪"被民强中学占用两年多，房宇、设备以及图书、仪器等皆遭损坏。1929年，经袁履登、徐学传等发起恢复学校行动，1935年夏，斐迪中学与四明中学合并，易名为浙东中学，校址在泗洲塘。尽管几经波折，"浙东"的师资力量和教学质量依然称誉全省，1936年毕业生参加会考，成绩竟获全数及格。选派学生参加中教研究会举行的英文演讲及作文比赛，亦均获优胜以归。

法国天主教会的益三中学开办时间较晚，校址在江北岸泗洲路（今人民路与人和巷夹角北），其前身中西毓才学堂于1903年开始建造，次年10月15日建成。由于学校对学生管制极严，法国传教士态度生硬，引起

毁后斐迪学堂（来自《晨钟悠韵》）

学生和华人教师的不满，风潮时起，1906年、1907年、1908年、1909年连续四位校长辞职，学校几次停办后改成专门培养修院预备生的学校，由神父主持。大约在1927年前后，天主教几位病、老神父迁入居住，成为"养老院"，后又开办小学。日伪时期1943年6月毓才中学正式复校，1946年被鄞县政府勒令停办，后易名为益三中学立案报批，董事长周大烈，校长邵规祖。1946年12月，经时任浙江省教育厅督学沈光烈视察后开学。1949年10月22日，并入浙东中学。

浙东中学的校史，基本上代表了江北岸教会办学的历史。回顾这段历史，所谓"源多"，实质上体现了教会学校逐步萎缩，不断合并的过程。浙海关税务司安斯迩1931年在其报告中说："由于财政上的原因，使得四所美国教会学校合并为两所，分别为男子学校与女子学校，在美国长老会的共同经营下。1925—1927年排英情绪高涨，使得英国教会中学最后于1929年被中国人强制接管。民国政府有一条规定即：各校校长均要由中国人担任。当地接受这一规定后，无疑使一些国外教会团体反对在中国继续办教育。教会学校遂日趋衰落。"

需要提及的是：洋人在中国办的第一所女校与江北岸甚有关联。按通常说法，奥德赛女士1844年在祝都桥创办此校，1857年与槐树路另

颜公渠西侧的中西毓才学堂,后改为益三中学(来自"独立观察员"的博客)

一所教会女校合并称崇德女校,1923年又与圣模女校合并,成立甬江女子中学。但在1850年宁波城区地图上,槐树路旁已赫然标注着 Miss Aldersey's Girls' boarding school,即奥德赛女子寄宿学校。若地图无误,说明1850年时,此校已设在江北岸了。

宁波外滩,早期也曾出现过非教会所办学校。早在1875年,江北岸就出现了首家华洋合办的"中西书塾"。1876年2月1日《申报》记载:"中国西学日盛一日,向来通商口岸供有西塾,惟宁波独缺。近有友人昨从四明来,见江北岸设有中西书塾,创立者一系新关西友卢君,一系旗昌华友陈君,延请中西学师,分时教授。惟事方创始,来学者尚属寥寥。目下大宪广招生童出洋肄业,在上海设立格致书院,皆因西国文学日后大有用处,唯限于方隅,不能躬预其会。今宁波既设有中西书塾,则凡为父兄者曷弗令子弟入塾,广益学问,开拓聪明,俾日后尽成有用之材耶?"可惜的是这家"中西书塾"昙花一现,创办者之一卢丕理,在宁波任署理税务司不到一个月时间,就被调往汉口,次年夏季书塾因经费不敷而停闭。

1896年6月,郡中职贡谷某等集资在江北岸文昌阁创设崇敬义塾,聘六品衔附贡生陈丙炜为华教师,佛承昌为西教师,义塾由张锡藩管理,此

颜公渠西侧的浙东中学（来自市档案局）

中西义塾后迁至铁路花园侧，更名为崇敬书院。崇敬书院后来改称为崇敬学校，直至 1927 年，依然向新成立的宁波市政府继续申请拨助经常费。

1902—1911 年是清政府庚子新政时期，也是宁波办西式学堂高峰期。"这十年中教育事业有了很大进展，许多书院、学堂纷纷建立起来，人们迫切要求他们的后代学习西方文化。成千上万正在成长的下一代都在学习英语，它迅速取代了那些到目前为止仍在中国旧文人心中根深蒂固的古典文化。……现在几乎所有阶层都认为学习使用毛笔简直是浪费时间，在不久前这却是通向官府生涯不可缺少的条件。英语已战胜了'四书'，数学取代了书法。现在要在本省找一个好的中文学者是如此之难，就像十年前要找一个掌握英语的国民一样。"[1]

1904 年，在风景秀丽的姚江江畔，今日湖湖心堤东岸位置，商绅李云书、李征五兄弟与耶稣堂教士费佩德一起创办了益智学堂，征五负责购地填地诸项，云书负责建筑校舍及常年津贴，霞城则担任董理事务。陈谦夫先生曾在此校任英文教师和监学监督。学堂注重欧化教学，聘有中西教

---

[1] 陈梅龙、景消波译编：《近代浙江对外贸易及社会变迁》，宁波出版社，2003 年版，第 93 页。

陈训正先生

习，操练兵式体操，学生成绩俱佳。但这所学堂后因师生矛盾停办。庚子新政后期，清政府为加强海军建设，成立了海军部，多次派人到象山港考察军港。1909秋，李云书打算将这依江而筑、水面开阔的学堂旧址，改办为海军学堂，以培养海军人才。但清政府海军处因筹款维艰，咨请邮传部将该校先改为商船学校。后来清朝灭亡，无论是海军学堂，还是商船学校，都没办成。有的文章将益智学堂和崇敬书院，列为教会学校，从这两所学校创办和发展的过程看，应该是不准确的。

民国元年，百废待兴，益智学堂旧址迎来新生。时任宁波教育学会副会长的陈训正先生，看到宁波工业薄弱，认为应当建一所工业学校，培养工业人才，以发展地方工业。他积极奔走，与赵家荪、李镜第、林端辅等人一起促成宁波军政分府筹拨六邑公款，在"益智"旧址，开办鄞县县立高级工科中学，学校于当年12月14日补行开学典礼。开始时仅设一机械科，后增建筑科、汽车道路科，改机械科为金工科。初聘林端辅为校长，翌年由陈训正先生接任。陈早年留学日本，学识渊博，视野开阔，学校所用课本，除国文外，均用英文原版教材。学生除在教室学习外，还得到工厂实习。工厂还招收艺徒，生产发动机、碾米机、织布机、抽水机等各种机械，还能制造汽船。1916年8月，孙中山先生到宁波时，曾去工业学校及公立工厂视察，极加赞许。1934年4月，学校归省属，定名为浙江省立宁波高级工业职业学校，简称"宁波高工"，原附设的初中改为私立正始初级中学，以纪念陈训正先生。

工校的师资力量较强，1918年时，校长为陈训正，代理校长为林黎叔，教务主任为北京大学土木科毕业生王思成（后任校长），专科教员为南洋大学土木科毕业生冯蕃五、北京大学土木科毕业生刘砚斋、同济德文

鄞县县立高级工科中学（周达章提供）

医工大学电机科毕业生黄伯樵等。工校的学生也很优秀，土木科5名学生曾费时半年应征测绘江北岸详细地图，送缴工程局获奖。毕业生中，有升入南洋、唐山、北洋等工业大学深造，也有赴外洋留学，毕业后未能深造的，由于本地工业基础薄弱，不少去上海模范工厂及铁路工厂就业。

  1937年，日寇战火逼近，学校迁往鄞西凤岙，后又迁仙居等山区。待抗战胜利，昔日风景秀丽的校园已是一片焦土，学校只得先迁宁波鄞西接待寺，再迁江东大河路，几百名师生挤在几处民居中，盼望着泗洲塘校舍复建，但这个愿望一直未能实现。1950年，学校迁杭州，成为今浙江工业大学前身之一。

【三十四】西人墓园与华尔塔

外国人墓园内景（王之祥摄）

  由斐迪女校向北，越过首善路，再向北十来米，过去有一座墓园。远远望去，墓园内树木葱茏。从墓园围墙花格窗中可见，园内草坪上竖着一座座形状各异的墓碑，周围缀以翠柏绿竹，墓道旁高大的乔木上，大多爬满各种藤蔓。这是一座安葬外国人的墓园，故称之为西人墓园，也有叫万国公墓的，但在老百姓口中，则大多叫作外国人坟山。西人墓地在江北岸有两处，除了这一处，另一处在槐树路边上。

  1854年，赫德首次到宁波，他在日记中写道："……沿着一条蜿蜒曲折的河道航行。左边是山，几乎濒临甬江河岸；右边是一片宽阔肥沃的平原，……我们到达最后一段河面，正对着白沙村。稍稍往前，右边就是英国墓地。"[1]赫德的日记表明这座墓园当时已经存在，不过当初可能只是英国人的墓地。

  这座墓园存在了一百多年时间，里面究竟安葬了多少外国人，可能永远是一个谜了。有关史料表明，有这么几位在这里长眠。

  华美医院院长兰雅谷，以及他的夫人和小儿子安葬于此。兰雅谷

---

[1] 陈宏雄主编：《潮涌城北——近代宁波外滩研究》，宁波出版社，2008年版，第181页。

兰雅谷先生

先生的墓碑上镌刻着这么几行字:"医学博士兰公雅谷,由美来华行医传道,鞠躬尽瘁三十八年,活人无算,有口皆碑,享寿六十有六岁,卒于一千九百二十六年一月廿九日。"

兰雅谷先生是加拿大人,出生于1861年6月21日,是美国基督教浸礼会传教士,1889年毕业于美国密歇根大学医学院,同年受教会派遣到"宁波大美浸礼会医院"接任院长。兰雅谷先生在宁波长达三十八年的时间里,全身心投入于治病救人、培育后人和发展医院事业之中,深受宁波百姓爱戴,因其善举曾获黎元洪总统三等嘉禾章。

现存于宁波第二医院院史博物馆中的"故院长兰雅谷先生劳绩纪念碑"记载:"先生即本基督牺牲精神,殚心服务,日夜奔走于城乡各地,……1919—1924年,疫疠盛行,死亡枕藉,贫病者每致坐毙。先生怜之,先后在城乡筹设防疫医院,仆仆救治,活人无算,甬人皆额手称庆焉。"治病救人时,兰雅谷先生充满爱心与善意,据说当医院病床不够用时,他会把病人带回自己家中救治,甚至将自己的床铺让给病人。在一位因生病住院后成了基督教徒的农民眼中,"上帝就像兰雅谷医生那样"。

从医生涯中,兰雅谷先生深感无法以一人之力医治众多病患,所以在

兰雅谷先生及夫人、儿子墓碑,由近及远(王之祥摄)

治病救人的同时还致力于传授医术、培育医学人才。他毫无保留地传授自己的医学知识和临床经验,出其所学,广为陶育,培养出许多优秀学生。"……由先生之手植,而以医业擅名于甬地者不下数十人,诚亦先生之心血也。"2014年7月,宁波各媒体相继报道餐巾环回归的故事,一枚祝福师母"福寿康宁"的银环上,刻有兰雅谷先生七位学生的姓名,他们分别是丁立成、林渭舟、任莘耕、马友芳、刘贤良、洪约翰和王申祧,其中任莘耕、丁立成后来出任华美医院院长,洪约翰等人后来成为北京协和医院顶梁柱。

为扩建医院、完善设备,兰雅谷先生将1902—1915年兼任海关关医的俸金,全部捐献出来,用于建设病房和手术室。他还将张让三先生等人祝他六十大寿的礼金充作医院经费。受兰雅谷先生的影响,宁波各界人士争先恐后,竞相捐赠,医院院务大振,兰雅谷先生遂将医院改名为"华美医院",以示华美合作。1922年,兰雅谷先生着手购地建筑新医院,年逾六旬的他"出以至诚,持以毅力,跋涉数万里,经营数寒暑",为筹款奔忙。1923年9月3日《申报》载:"华美医院院长兰雅谷,副院长任莘耕,预定募捐三十六万,在中国募捐十二万,其余二十四万捐自美国煤油大王及外国教会。昨兰医士与任医士赴沪,开始募捐,有杜景三、朱葆三、周宗良、方椒伯诸君等各输巨款，时未二旬，已募得五万余元矣。"但据《宁波华美医院征信录》：所谓美国煤油大王及外国教会二十四万元，实际仅美国浸礼差会助六万元，西善士助三万元。尤其使人遗憾的是，"惜本院轮换重新之日，正先生鞠躬尽瘁之时"，积劳成疾的兰雅谷先生，未能看到他倾尽心血筹建的医院新大楼落成，就溘然长逝，永远留在了他工作和生活了37年的异国他乡——宁波。兰雅谷先生安葬在他妻子和幼子旁边，他的妻子安妮·莎德去世于1919年，兰夫人生前也深受宁波百姓爱戴，一位老病人听到她病重消息后，充满感情地说，如果能延长她的生命，他宁愿自己的生命缩短十年。兰先生的幼子不幸早夭，1892年离别人世时仅四个月大。成长于宁波的长子兰安生后来成为一位著名的公共卫生学家。

传教士娄礼华也安葬于此，他的墓碑上四面均镌有文字，两面外文两面中文。其中一面中文为："耶稣教师，亚美理驾花旗国人娄礼华先生，生于嘉庆二十四年正月廿六日，卒于道光二十七年七月初九日。溯自道光二十二年四月十八日始来中国之澳门，二十五年三月初五日至宁波宣扬圣教。讵知修短所限，仅享年二十九岁，泛海被盗汩没。凡属全人，莫不怀感。爰为之立石，以识景慕之忱焉。耶稣一千八百四十七年。"

娄礼华，又作娄理华，是美北长老会第一位派往中国的传教士。1842年5月27日，娄礼华经过四个多月海上航行后抵达中国，被分派到宁波工作，他从澳门经香港、上海、舟山，于1845年4月11日到达宁波。经过刻苦努力，娄礼华熟练掌握了宁波方言，当地人称赞他这个外国佬，"宁波话讲得比福建人还要好"。娄与其他传教士一起，在本地组织"宁波长老会"，这个教会可能是中国本土成立的第一个新教教会。娄还利用从美国带来的气温计，记录下宁波的气候变化。娄礼华擅以文字宣教，早在澳门等待时期，即已开始写作。他积极参与译经会议和工作，被选为《新约》翻译代表委员会宁波代表。

1847年5月，娄礼华去上海参加译名讨论，8月16日从上海乘船经乍浦返宁波，在乍浦遇逆风受阻，19日在距乍浦约20公里的杭州湾中，不幸遭遇海盗劫持。据驻宁波宣教士卢美仕写给娄礼华父亲信中记述：

娄礼华像

乘客们看见了海盗船,都感到非常恐惧,娄礼华则力劝他们保持镇定。当海盗船一步一步逼近时,娄礼华向他们出示了一面美国国旗,但海盗船仍向他们开火,还强行登上他们的船只。……海盗们随后逐一搜劫乘客们的财物。当他们准备撬开娄礼华的行李箱时,他主动取出钥匙来说:"不必撬了,钥匙在这里。"他们打开了娄礼华的行李箱,却不敢拿走任何物品。然而,他们不停地殴打他的老仆人以泄愤。娄礼华虽曾多次央求他们停手,但他们全不理会。过了一段时间,海盗们开始商议要怎样处理娄礼华,因为他们担心娄礼华会在事后向官府报案。最后,他们决定把娄礼华活生生地抛进海中。当海盗们准备把礼华抬起抛下大海之际,他奋力将自己手中拿着的最珍爱的一部希伯来文、希腊文和英文对照的《圣经》掷到船上,以免书随人亡。在水中挣扎的娄礼华,多次试图游近船只,但强盗们用船篙击打他,使他无法靠近。不久以后,筋疲力尽的娄礼华便沉入海中。

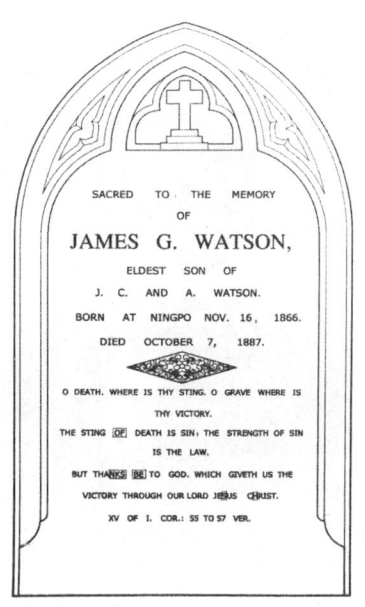

詹姆士·G·沃森纪念墓碑（来自《甬城现存历代碑碣志》）

    这位热爱中国的年轻宣教士，来华宣教仅仅五年零两个月，在宁波大约生活了两年四个月时间，就这样葬身于汹涌的波涛中，当时他年仅29岁，死后连尸体都不知下落。于是，人们在西人墓地，为其建起了衣冠冢。

    江北岸巡捕房督捕华生以及他的儿子，也入葬于此。华生，澳大利亚新南威尔士人，1859年到中国，先经商，后从军，1862年随援甬的常胜军来到宁波。宁波的太平天国战争结束后，他留在本地任卫安勇帮带、副教习长达17年，后又在江北岸巡捕房任督捕28年，直到1908年去世，享年七十四岁。华生在宁波的表现，从《申报》及甬地旧报20余则报道内容看，应该是一位勤勉、认真负责的洋捕头。由于他工作卖力，中法战争结束后，道台薛福成奏请朝廷授其四等宝星一面。据说华生还是一位摄影师，为宁波留下了许多珍贵的旧影。华生的儿子詹姆士·G·沃森，1866年11月16日出生于宁波，1887年10月7日去世，才活了21岁。詹姆士·G·沃森的墓碑藏于白云庄。

    再一位是美国浸礼会牧师高雪山，生于1840年9月7日，卒于1913

那尔敦像

年9月22日。高雪山八岁时随父到宁波,后返国就学,就学期间,父母相继而亡。神学毕业后,高雪山又越洋来到宁波,身任教牧。他去世后,教牧及教友郑恩智、戚启运、丁育三、姚士美等人为其镌了墓志铭。赞颂高雪山建堂立教,开设男女学校,组织放足会、除烟会,是"先生之爱人深也";翻圣经,作赞诗,是"先生之通道笃也"。高雪山译著有《拉丁化宁波口语旧约》。

还有一位是那尔敦牧师,又叫诺尔敦、劳尔敦,是美国浸礼会真神堂差遣的赴华传教士。1854年6月,那尔敦与其夫人一起到宁波传教布道,二十年后殁于宁波。那尔敦与传教士睦礼逊、雷音百以及五位宁波本地的牧师一起,编纂过英甬词典《宁波方言的"字语汇解"》,还著有《真神十诫》《圣经问答》《信从相约文》等汉语著作。

江北岸工程局首任实际负责人、浙海关税务司穆麟德可能也葬于白沙西人墓园。

除了西人坟墓,1932年,墓园内又出现了一座尖塔,塔呈正六边形,基部柱体,上部锥体,高度超过14米。这座塔模样怪异,塔尖穿透树冠,直刺天穹,显得特别扎眼。此塔原先建在新江桥南塊东侧真武宫前,因塔

那尔敦墓（来自"独立观察员"的博客）

呈六面体，故称"六面塔"，民间俗称"华尔塔"，其实与"华尔"无关。1862年5月10日，英法舰队安康得舰、格兰脱耳舰、林旦胡舰、拉太耳舰、立康夫哥舰、哈队舰等兵舰会同清军，进攻太平军，有28名官兵阵亡，法将勒伯勒东为纪念这些官兵，拆除三江口炮台建了此塔，因此也有人称此塔为海军纪念碑。1883年末，浙江提督欧阳军门，宁绍台道瑞观察曾打算将塔拆卸重新构筑炮台。本地一些市民也认为，"这个六面塔尖尖的塔顶，会伤害并惹怒天上的菩萨"[1]，坏了宁波风水，希望拆掉此塔。此事为英领事所知，百般奔走设法保存，最终欲拆未果。1906年法国舰长托来之来甬，花了300银圆对塔进行修理，并重新刻了石碑，碑中镌有中英法三国文字，中文为纪事，英法文为死亡官兵姓名，还在塔边建起水泥栏杆。1930年经鄞县全县代表大会议决，拟将该塔拆迁，迫于各方压力，两年后驻华英法公使商定，委托天主教堂戴主教进行迁建。1932年4月16日，新江桥南块的华尔塔拆除，随后迁建到西人墓园，20世纪60年代才彻底

[1] 龚维琳、许燕编译：《"华尔塔"》。

华尔塔（王之祥摄）

拆除。

随着岁月的流逝，西人墓园渐渐被人们遗忘，甚至连位置都搞不清楚了，不少人以为它位于白沙公园。如《甬城现存历代碑碣志》有关"詹姆士.G.沃森纪念墓碑"的介绍中，就将外人墓地定位在江北岸中马路，今白沙公园。其实西人墓园与白沙公园间隔约200米，与中马路更是相距甚远。

西人墓园北面是草马路，向西即是前文提到的草马路建筑群，向北是美孚油栈和亚细亚油栈。油栈北面曾经有一条河，名叫新港，太平天国战争期间，为避开三江口太平军炮台，英将丢乐德克下令在此拓挖河道，英法舰队企图由此进入姚江，攻击宁波城，因此也称丢帅河。这条河既是原先鄞县、镇海的界河，过河便是镇海辖下的白沙，也是当初英法美三国驻宁波代表划分"外人居留地"的界河。从百多年历史发展的轨迹看，这条河也该是外滩的界河，有关江北岸外滩的故事暂且休止于此河前。

参考文献

01	宁波图书馆藏:《申报》宁波史料(1872—1949)。
02	宁波图书馆藏:馆藏百年老报纸。
03	宁波图书馆藏:《宁波文史资料》(第一至九辑)。
04	宁波档案馆藏:《时事公报》等报纸及相关档案。
05	张恕等总修:光绪《鄞县志》。
06	张传保,陈训正,马瀛等修纂:《鄞县通志》。
07	郑绍昌主编:《宁波港史》,人民交通出版社,1989年。
08	俞福海主编:《宁波市志》,中华书局,1995年。
09	贺师三主编:《宁波金融志》第1卷,中华书局,1996年。
10	杨期洲主编:《宁波市邮电志》,上海社会科学出版社,1999年。
11	乐承耀著:《宁波近代史纲》,宁波出版社,1999年。
12	任与孝主编:《宁波海关志》,浙江科学出版社,2000年。
13	龚缨晏著:《浙江早期基督教史》,杭州出版社,2010年。
14	郭慕天主编:《浙江天主教史略》,浙内图准字(2011)第19号。
15	段光清撰:《镜湖自撰年谱》,中华书局,1960年。
16	徐兆昺著:《四明谈助》,宁波出版社,2000年。
17	陈梅龙、景消波译编:《近代浙江对外贸易及社会变迁》,宁波出版社,2003年。
18	哲夫主编:《宁波旧影》,宁波出版社,2004年。

19	陈宏雄主编:《潮涌城北——近代宁波外滩研究》,宁波出版社,2008年。
20	卢汉超著:《中国第一客卿:鹭宾·赫德传》,上海社会科学出版社,2009年。
21	章国庆、裘燕萍编著:《甬上现存历代碑碣志》,宁波出版社,2009年。
22	胡丕阳、乐承耀著:《浙海关与近代宁波》,人民出版社,2011年。
23	郭杰伟、范德珍著:《丹青与快门:早期中国摄影》,香港大学出版社,2012年。

鸣 谢

在收集本书相关历史资料过程中，得到宁波叶向阳、陶海燕女士，楼稼平、龚维林、章卫彪、沈建国、徐韧、周达章、李本侹以及北京李炬、苏州谭金土、大连孙连工、安徽李宾、绍兴楼立伟、诸暨阮建根诸位先生的大力支持，也得到宁波档案馆、图书馆有关工作人员的热情帮助，在此诚表衷心感谢。本书内容汲取了"N维宁波"群讨论、考辨宁波历史的部分成果，并利用了互联网上未注明出处的图片，在此亦表示谢意。